hinese Language

中国

경제중국어 길잡이

차성만 저

语

(주)백산출판사

머리말

1. 한 · 중 무역관계의 이해

중국은 약 13억 5천만 명의 세계 최대 인구 보유 국가이고, 세계 최대의 생산 공장과 소비 시장을 겸하며, 미국에 이어 세계 2위의 경제력을 갖추었을 뿐만 아니라, 우주과학의 첨단기술력도 구비한 국가로서, 대한민국의 인접 국가이다. 1992년 한국 · 중국 국교 수립 이후, 2000년대 초반을 지나면서, 한국의 최대 교역 상대 국가는 미국에서 중국으로 고정되는 경향을 보인다. 특히 2017년 3/4분기까지 한국의 중국에 대한 수출 비중은 24.1%로, 미국에 대한 수출 비중인 12%의 2배 정도가 되어, 수출 상대국 1위는 중국이고, 2위 국가는 미국이 되었다.

최근 우리나라 전체 무역의 약 20%는 중국과 이뤄진다는 현실을 직시한다면, 이후 중국과 우리나라의 경제적 상호관계는 절대적이라고 할 수 있다. 이렇게 양국 무역규모가 급증하고 양국의 정치관계도 한층 우호적으로 변모하고 있어, 장래 한국과 중국은 상호 경제 · 무역의 협력에서 발생하는 가치가 더욱 증대하게 될 것이다.

이와 같은 한 · 중 관계의 긍정적이고 유익한 환경 형성을 고려하며 중국어를 학습한다면, 여러 분야 중에서도 가장 실용적인 내용이 경제 분야가 되고, 그중에서도 최고 핵심은 무역 분야가 될 것이다. 그러므로 중국 경제의 이해를 바탕으로 중국의 대외무역 관계를 파악하는 것은 중국어 학습자의 필요단계로서 요구된다. 이런 필요성의 목표를 달성하기 위해, 본인은 이미 중국 경제 · 무역의 이해에 관한 〈경제시사중국어〉와 〈무역시사중국어〉를 펴내었고, 시사중국어의 학습 기초를 다지기 위해 〈무역중국어길잡이〉를 펴내었으며 이제 〈경제중국어길잡이〉를 펴낸다.

2. 중국어의 학습 자세

중국어가 어렵다고 사람들은 말한다. 물론 중국어는 어렵다. 모국어가 아닌데 어찌 쉽겠는가. 하지만 중국어는 쉽게 배울 수 있다. 1) 학습 의지가 지속적이고, 2) 학습 방법이 용이하면, 쉬울 수 있다. 중국어는 쉽게 배울 수 있다.

1) 먼저 학습 의지는 학습자의 몫이다. 학습자는 중국어 숙달의 목표를 굳게 마음먹어야 한다. 굳게 먹은 마음을 꾸준히 지속해야 한다.
2) 다음으로 학습 방법은 교수자의 몫이다. 교수자는 중국어 숙달을 위한 지식과

정보를 친절하게 제공해야 한다. 친절하게 제공된 학습 방법은 어렵다는 중국어 숙달을 쉽게 만들어준다.

학습 의지의 견지와 학습 방법의 제공에 의해, 중국어 숙달은 쉬워진다. 때문에 중국어 학습 자세는 본인의 의지에 따라 좌우되고, 중국어 학습 효과는 교재의 내용에 의해 결정된다. 교수자의 몫인 본서의 목표는 시사중국어를 쉽게 설명하는 것이다.

3. 본서의 구성 특징

본서의 대상은, 중국어 초급과정을 마친 후, 중급과정에 들어선 학습자이다. 본서의 내용은 중국 무역 분야의 일상적인 용어를 중심으로 한 시사성 문장에 대한 번역 학습이다. 본서의 목표는, 어렵다는 무역중국어를 '문장을 짧게 나누어, 조금씩 설명해서, 쉽게 이해하게 하는 것'이다.

1. 단어 정리: 각 과마다 모든 단어를 정리하고, 본문에 해당하는 뜻을 새겨놓았다. 비록 앞 과에서 이미 출현한 단어라고 해도, 뒤 과에서는 새로이 그 뜻을 정리하여 제시했다. 그러므로 사전 없이도 단어의 의미를 파악하여 본문을 번역할 수 있도록 제공했다.
2. 단문 해설: 긴 문단이나 문장이 아니라, 짧은 단문을 번역의 기본으로 삼았다. 또한 단문의 번역은 단문 속의 어법적인 구와 절을 자세히 짧게 나누었고, 여기에 해설을 붙이고 단문 번역의 기초로 삼았다.
3. 문장 번역: 짧은 단문의 번역을 장문으로 결합하여, 문장의 번역으로 재구성하였다. 앞서 제시한 단문 번역에 추가로 장문으로서 갖추어야 할 어법 내용을 덧붙인 의역을 실었다.
4. 읽기 훈련: 중국어 학습에서 내용의 이해, 즉 번역 이외에 또 하나 중요한 점은 머릿속에서 이해한 것을 입 밖으로 말하는 것이다. 중국어 학습의 목표는 중국어를 눈으로 귀로 이해하고, 손으로 · 입으로 표현하는 것이다. 우리가 실용적 외국어 학습을 최종 목표로 삼는다면, 눈으로 · 귀로 이해하고 손으로 표현하는 것을 모두 종합하여 입으로 표현하는 것이 가장 중요한 것이다.

때문에 시사중국어를 학습한다 하더라도, 입 밖으로 소리내어 표현하는 방법을 배우는 것이 중요하다. 본서는 머릿속의 이해뿐만 아니라, 입 밖의 표현도 중시해서 발음을 병기하여 읽기 훈련의 기회를 제공했다.

4. 본서의 학습 방법

본서의 편집 순서는, 1장 원문은 본문을 제시하고, 2장 발음은 본문의 한어병음 표기를 제시하고, 3장 해설은 문장, 한어병음, 번역문, 단어 · 구 · 절의 해설로 구성되었고, 4장 번역은 본문의 번역문으로 편성되어 있다.

보통 글은 단어 · 구 · 절 · 문장 · 문단 · 글로 구성된다. 본서의 설명 순서는 먼저 단어 · 구 · 절의 뜻을 새기고, 다음으로 이들을 바탕으로 문장을 번역하고, 끝으로 문단의 내용으로 결합되어 있다. 본서는 간편한 번역과 해설을 위해 하나의 문단을 여러 문장으로 나누었다. 하나의 문장은 하나의 마침표를 단위로 나뉘고, 하나의 숫자 번호가 붙여졌다. 문장은 각각의 단문으로 세분되어 하나의 로마자 번호가 주어졌다.

번역과 해설의 기본 단위는 하나의 단문이다. 단문에는 먼저 발음을 병기하고, 다음으로 단어에 대한 의미 그리고 구와 절에 대한 설명을 구체적으로 하였다. 번역은 직역을 우선으로 하고, 의미의 순조로운 풀이를 위해 문장의 뜻을 새겨서 의역을 첨가했다.

본서의 이해력을 높이기 위한 학습 순서는, 첫째로 숫자 번호의 문장[예로 1)의 문장], 둘째로 로마자 번호의 단문[예로 A)의 단문], 셋째로 단어 · 구 · 절의 뜻, 넷째로 단문의 번역, 다섯째로 문장의 번역, 여섯째로 발음 읽기, 일곱째로 본문의 번역을 참고할 수 있다.

끝으로, 본서의 집필 과정에서 느낀 빈 · 슬 · 람의 사랑 그리고 본서의 출판을 위해 (주)백산출판사 모든 구성원이 특별히 베풀어주신 배려에 깊은 감사를 드립니다. *

2018년 7월
잠실효범재에서

범 례

1) 해설 문장의 구분 방법

① 문장 1) 2) 3) 등은 하나의 마침표를 위주로 구분함.

② 어구 a) b) c) 등은 하나의 개사구 혹은 하나의 서술어를 위주로 구분함.

2) 문장의 뜻

문장의 번역은 직역을 위주로 하고, 뜻을 새길 경우에는 의역을 보충으로 함.

3) 기호

→는 ① 직역한 뒤에 의역을 뜻함.
② 단어나 어구의 뜻을 더욱 새겨서 사용함.

( )는 ① 괄호 속의 단어나 어구가 생략이나 첨가가 가능한 경우에 사용함.
② 한자어의 경우에는 그 한자를, 외래어의 경우에는 그 원어를 표시함.
③ 괄호 속의 내용이 단어의 의미를 더욱 구체적으로 설명하는 경우에 사용함.

[ ]는 ① 그중 하나를 선택적으로 사용 가능할 경우를 나타냄.
② 어떤 단어나 어구를 어법적이나 내용적으로 설명할 경우에 사용함.

※는 어떤 단어나 어구를 문법 때문에 번역에서 특별히 해설할 경우에 사용함.

≒는 유사어 · 비슷한 말을 나타냄.

~는 앞의 단어 · 어구 · 문장과 동일함을 표시함.

4) 품사

대 대명사	명 명사
수 수사	형 형용사
동 동사	부 부사
개 개사	조 조사
접 접속사	양 양사
접두 접두사	접미 접미사

차 례

第一课

民间投资开放

第一课 民间投资开放

1. 원문 鼓励和引导民间投资

当前，在发挥政府投资作用的同时，启动民间投资的政策力度空前加大。有关部门已经陆续出台42项鼓励和引导民间投资的实施细则，铁路工程建设·装备制造·交通运输基础设施等领域将陆续对民间资本开放。

有数据显示，目前民间投资占整个固定资产投资比重提高到62%，增长速度高于国有投资，成为投资增长的新动力。

很多民营企业人员反映，国家和地方出台的一系列引导民间投资的政策措施，为企业发展提供了千载难逢的机会，但他们同时也期待政府能推进民营企业在投资审批·土地·外贸·财税扶持等方面获得公平待遇。

调结构更加注重长远

面对国内外新的经济形势，“稳增长”不仅是当务之急，而且是一项长期的艰巨任务。分析人士指出，要在“稳增长”的同时进一步加大调结构的力度，更加注重拓宽经济增长空间和提高增长质量。

출처: 新华网. http://news.xinhuanet.com/fortune/2012-09/04/c_112957889.html

2. 발음 | dì yī kè mínjiān tóuzī kāifàng

gǔlì hé yǐndǎo mínjiān tóuzī

dāngqián, zài fāhuī zhèngfǔ tóuzī zuòyòng de tóngshí, qǐdòng mínjiān tóuzī de zhèngcè lìdù kōngqián jiādà。yǒuguān bùmén yǐjīng lùxù chūtái sì shí èr xiàng gǔlì hé yǐndǎo mínjiān tóuzī de shíshī xìzé, tiělù gōngchéng jiànshè · zhuāngbèi zhìzào · jiāotōng yùnshū jīchǔ shèshī děng lǐngyù jiāng lùxù duì mínjiān zīběn kāifàng。

yǒu shùjù xiǎnshì, mùqián mínjiān tóuzī zhàn zhěnggè gùdìng zīchǎn tóuzī bǐzhòng tígāo dào bǎifēnzhī liù shí èr, zēngzhǎng sùdù gāoyú guóyǒu tóuzī, chéngwéi tóuzī zēngzhǎng de xīn dònglì。

hěn duō mínyíng qǐyè rényuán fǎnyìng, guójiā hé dìfāng chūtái de yíxìliè yǐndǎo mínjiān tóuzī de zhèngcè cuòshī, wèi qǐyè fāzhǎn tígōng le qiānzàinánféng de jīhuì, dàn tāmen tóngshí yě qīdài zhèngfǔ néng tuījìn mínyíng qǐyè zài tóuzī shěnpī · tǔdì · wàimào · cáishuì fúchí děng fāngmiàn huòdé gōngpíng dàiyù。

tiáo jiégòu gèngjiā zhùzhòng chángyuǎn

miànduì guónèiwài xīn de jīngjì xíngshì, "wěn zēngzhǎng" bùjǐn shì dāngwùzhījí, érqiě shì yí xiàng chángqī de jiānjù rènwu。fēnxī rénshì zhǐchū, yào zài "wěn zēngzhǎng" de tóngshí jìnyíbù jiādà tiáo jiégòu de lìdù, gèngjiā zhùzhòng tuòkuān jīngjì zēngzhǎng kōngjiān hé tígāo zēngzhǎng zhìliàng。

3. 해설 민간투자의 개방

1) 民间投资开放

mínjiān tóuzī kāifàng
민간투자의 개방

民间(mínjiān) : 1. 명 민간.
2. 명 비공식적. 사적.

投资(tóuzī) : 1. 명 투자. 투자금.
2. 동 투자하다. 자금을 투입하다.

民间投资(mínjiān tóuzī) : 민간투자.

开放(kāifàng) : 1. 동 (봉쇄 · 제한 등을) 해제하다. 개방하다. → 개방.
2. 동 (공항 · 항구 · 도로 등의) 출입 · 통행을 개방하다.
3. 동 (공원 · 도서관 등의) 공공 장소를 개방하다.
4. 동 (생각이) 개방적이다. (성격이) 명랑하다. 개방되다.

2) 鼓励和引导民间投资

gǔlì hé yǐndǎo mínjiān tóuzī
민간투자의 격려와 유도

鼓励(gǔlì) : 동 격려하다. (용기를) 북돋우다. → 격려.

和(hé) : 1. 접 …과[와].
2. 개 …과[와]. …에게.
3. 형 조화롭다. 화목하다. 화애롭다. 어울리다.
4. 형 부드럽다. 온화하다. 친절하다. 따스하다.
5. 동 화해하다. 화의하다.

引导(yǐndǎo) : 1. 동 안내하다. 지도하다. 유도하다. 교도하다. → 유도. 지도.
2. 동 인도하다. 인솔하다. 이끌다.
鼓励和引导民间投资 : 민간투자를 격려하고 유도하다. → 민간투자의 격려와 유도.

3) 当前，在发挥政府投资作用的同时，启动民间投资的政策力度空前加大。
dāngqián, zài fāhuī zhèngfǔ tóuzī zuòyòng de tóngshí, qǐdòng mínjiān tóuzī de zhèngcè lìdù kōngqián jiādà。
현재 정부투자의 효과를 발휘하는 동시에, 민간투자를 시행하는 정책의 역량이 전례 없이 확대되었다.

※ 시제 표현: 본 기사는 과거 사실을 서술하기 때문에, 과거형 시제를 사용함.
当前(dāngqián) : 1. 명 현재. 현 단계. 목전. 당면. 오늘.
2. 동 직면하다. 눈앞에 닥치다. 코앞에 닥치다.
在(zài) : 1. 개 …에(서). …에 있어서.
2. 동 존재하다. 생존하다.
3. 동 (사람이나 사물이) …에 있다.
4. 동 (어떤 직위에) 몸담고 있다. 머물러 있다. 남아 있다.
5. 부 마침 …하고 있다. 막 …하고 있는 중이다.
发挥(fāhuī) : 1. 동 발휘하다.
2. 동 (의견이나 도리를) 충분히 잘 나타내다. 표현하다. 해명하다.
3. 동 (본래의 기초 위에) 더욱더 발전시키다. 진전시키다. 발양하다.
政府(zhèngfǔ) : 명 정부.
作用(zuòyòng) : 1. 명 (사람과 사물에 끼치는) 작용. 영향. 효과. 효용. 역할.
2. 명 (사물에 영향을 주는) 작용.
3. 동 작용하다. 영향을 미치다.
政府投资作用 : 정부투자의 효과.
同时(tóngshí) : 1. 명 동시. 같은 시간. 동일한 시기. 같은 때.
2. 부 동시에.
3. 동 시간을 같이하다. 시기[시대]를 같이하다. 동시이다.
在(zài)…同时(tóngshí) : …하는 동시에.

启动(qǐdòng) : 1. 동 (법령이나 장기적인 계획[방안] 등을) 시작[시행]하다.
2. 동 (기계 · 전기 설비 등의) 작동을 시작하다. 시동을 걸다.
3. 동 개척하다. 개시하다.

政策(zhèngcè) : 명 정책.

力度(lìdù) : 1. 명 역량. 힘의 세기.
2. 명 공력의 심도[깊이]. 내포된 뜻의 심도.
3. 명 (악곡에서 음량 변화의) 강약.

空前(kōngqián) : 형 공전의. 전례 없는. 전대미문의. → 전례 없이.

加大(jiādà) : 동 (수량 · 정도를) 확대하다. 늘리다. 증가하다. → 확대되다.

4) 有关部门已经陆续出台42项鼓励和引导民间投资的实施细则，铁路工程建设·装备制造·交通运输基础设施等领域将陆续对民间资本开放。

yǒuguān bùmén yǐjīng lùxù chūtái sì shí èr xiàng gǔlì hé yǐndǎo mínjiān tóuzī de shíshī xìzé, tiělù gōngchéng jiànshè · zhuāngbèi zhìzào · jiāotōng yùnshū jīchǔ shèshī děng lǐngyù jiāng lùxù duì mínjiān zīběn kāifàng。

관련 부서는 민간투자를 격려하고 유도하는 42개 항목의 실행 세칙을 이미 계속해서 제기했고, 철로 프로젝트 건설 · 장비제조 · 교통운수 기초시설 등 영역이 민간자본에게 장차 계속해서 개방될 것이다.

A) 有关部门已经陆续出台42项鼓励和引导民间投资的实施细则，

yǒuguān bùmén yǐjīng lùxù chūtái sì shí èr xiàng gǔlì hé yǐndǎo mínjiān tóuzī de shíshī xìzé,

관련 부서는 민간투자를 격려하고 유도하는 42개 항목의 실행 세칙을 이미 계속해서 제기했고,

有关(yǒuguān) : 1. 동 관계가 있다. 관련이 있다. 연관되다.
2. 형 관계가 있는. 관련 있는.

部门(bùmén) : 명 부. 부문. 부서.

有关部门 : 관련 부서.

已经(yǐjīng) : 부 이미. 벌써.

陆续(lùxù) : 부 끊임없이. 연이어. 부단히. 계속해서. 잇따라.

出台(chūtái) : 1. 동 (정책 등을) 정식으로 공포〔제기 · 제시〕하다〔내어놓다〕.
2. 동 배우가 무대에 오르다.
3. 동 공개적으로 활동하다.

项(xiàng) : 1. 양 가지. 항목. 조목. 조항. 항. 절목.
2. 명 항목.
3. 명 항.
4. 명 목덜미.

实施(shíshī) : 동 실시하다. 실행하다.

细则(xìzé) : 명 세칙. 세부 규정.

42项鼓励和引导民间投资的实施细则 : 민간투자를 격려하고 유도하는 42개 항목의 실행세칙.

B) 铁路工程建设 · 装备制造 · 交通运输基础设施等领域将陆续对民间资本开放。

tiělù gōngchéng jiànshè · zhuāngbèi zhìzào · jiāotōng yùnshū jīchǔ shèshī děng lǐngyù jiāng lùxù duì mínjiān zīběn kāifàng。

철로 프로젝트 건설 · 장비제조 · 교통운수 기초시설 등 영역이 민간자본에게 장차 계속해서 개방될 것이다.

铁路(tiělù) : 명 철로.

工程(gōngchéng) : 1. 명 프로젝트. 사업. 프로그램. 계획. 공정.
2. 명 공사. 대공사.
3. 명 공학.

建设(jiànshè) : 1. 동 (새로운 사업을) 창립하다. 건설하다. 수립하다. → 건설.
2. 명 건설 업무.

装备(zhuāngbèi) : 1. 명 장비.
2. 동 (무기나 기계를) 탑재하다. 장착하다. 장치하다.

制造(zhìzào) : 1. 동 제조하다. 만들다.
2. 동 (나쁜 상황이나 분위기를) 조성하다. 만들다. 조장하다.

交通(jiāotōng) : 1. 명 교통.
2. 동 교통하다. 서로 통하다.
3. 동 친교를 맺다. 결탁하다.

运输(yùnshū) : 동 운수하다. 운송하다. 수송하다.

基础(jīchǔ) : 1. 명 (건축물의) 토대. 기초.
2. 명 기초. 바탕. 밑바탕. 기틀. 토대. 기반. 근본. 기본. 기간. 근저.

设施(shèshī) : 명 시설.

等(děng) : 1. 조 등. 따위.
2. 명 등급.
3. 동 기다리다.

领域(lǐngyù) : 1. 명 분야. 영역. 〔학술 · 사상 · 사회 활동의 범위〕
2. 명 영역. 〔국가의 주권이 미치는 구역〕

将(jiāng) : 1. 부 …하게 될 것이다. …일 것이다. 〔미래에 대한 판단을 나타냄〕
2. 부 장차. 곧. 막.
3. 개 …을.

对(duì) : 1. 개 …에게. …을 향하여.
2. 개 …에 대해(서). …에 대하여.
3. 형 맞다. 옳다. 정확하다. 정상이다.
4. 동 대조하다. 맞춰 보다. 맞대 보다.
5. 동 향하다.

资本(zīběn) : 1. 명 자본.
2. 명 자금. 밑천. 본전.

5) 有数据显示，目前民间投资占整个固定资产投资比重提高到62%，增长速度高于国有投资，成为投资增长的新动力。

yǒu shùjù xiǎnshì, mùqián mínjiān tóuzī zhàn zhěnggè gùdìng zīchǎn tóuzī bǐzhòng tígāo dào bǎifēnzhī liù shí èr, zēngzhǎng sùdù gāoyú guóyǒu tóuzī, chéngwéi tóuzī zēngzhǎng de xīn dònglì。

어떤 데이터에 의하면, 현재 민간투자가 전체 고정자산 투자를 점하는 비중은 62%까지 향상되었고, 성장 속도가 국유투자보다 빨라, 투자 성장의 새 동력이 되었다.

A) 有数据显示，目前民间投资占整个固定资产投资比重提高到62%，

yǒu shùjù xiǎnshì, mùqián mínjiān tóuzī zhàn zhěnggè gùdìng zīchǎn tóuzī bǐzhòng tígāo dào bǎifēnzhī liù shí èr,

어떤 데이터에 의하면, 현재 민간투자가 전체 고정자산 투자를 점하는 비중은 62%까지 향상되었고,

有(yǒu) : 1. 동 어느. 모. 웬.
2. 동 어떤.
3. 동 있다. 〔존재를 나타냄〕
4. 동 가지고 있다. 소유하다. 〔소유를 나타냄〕
5. 동 생기다. 나타나다.

数据(shùjù) : 명 데이터. (실험 · 설계 · 계획 등에 필요한) 통계 수치.

显示(xiǎnshì) : 1. 동 현시하다. 분명하게 표현하다. 내보이다. 보여주다.
2. 동 과시하다. 자랑하다. 나타내다.

有数据显示 : 어떤 데이터는 …를 보여주다. → 어떤 데이터에 의하면.

目前(mùqián) : 명 지금. 현재.

占(zhàn) : 1. 동 (토지나 장소를) 차지하다. 점령〔점거〕하다.
2. 동 점용〔점유〕하다. 차지하다. 보유하다. 점하다.
3. 동 (어떤 위치에) 처하다. 놓이다. (어떤 상황에) 속하다.

整个(zhěnggè) : 1. 명 온. 완전한 것. 모든 것. 전체.
2. 부 완전히. 충분히. 족히.

固定(gùdìng) : 1. 형 고정되다. 불변하다.
2. 동 고정하다〔고정시키다〕. 정착하다〔정착시키다〕.

资产(zīchǎn) : 명 자산. 재산.

固定资产(gùdìng zīchǎn) : 명 고정자산.

고정자산은 건물, 토지 등 기업이 비교적 장기간에 걸쳐 영업활동에 사용하고자 취득한 자산이며, 유동자산은 현금, 예금, 상품 등 1년 이내에 환금할 수 있는 자산 또는 전매할 목적으로 소유하고 있는 자산이다.

比重(bǐzhòng) : 명 비중.

民间投资占整个固定资产投资比重 : 민간투자가 전체 고정자산 투자를 점하는 비중

提高(tígāo)：동 제고하다. 향상시키다. 높이다. 끌어올리다.

到(dào)：1. 동 도달하다. 도착하다. (어느 곳에) 이르다.

2. 동 …에. …로. …까지 오다.

3. 동 동사 뒤에서 보어로 쓰여 동작이 목적에 도달했거나 결과가 있음을 나타냄.

提高到(tígāodào)：…까지 제고하다. …까지 향상되다.

%：百分之(bǎifēnzhī). 퍼센트.

B) 增长速度高于国有投资，成为投资增长的新动力。

zēngzhǎng sùdù gāoyú guóyǒu tóuzī, chéngwéi tóuzī zēngzhǎng de xīn dònglì。

성장 속도가 국유투자보다 빨라, 투자 성장의 새 동력이 되었다.

增长(zēngzhǎng)：동 성장하다. 증가하다. 향상시키다. 신장하다. → 성장.

负增长(fù zēngzhǎng)：동 마이너스 성장하다. 감소〔하락〕하다.

零增长(líng zēngzhǎng)：명 제로(zero) 성장.

速度(sùdù)：명 속도.

高于(gāoyú)：형 …보다 높다.

国有(guóyǒu)：형 국유의. 국가 소유의. → 국유.

增长速度高于国有投资：성장 속도가 국유투자보다 높다.

→ 성장 속도가 국유투자보다 빠르다.

成为(chéngwéi)：동 …이〔가〕 되다. …(으)로 되다.

新(xīn)：1. 형 새롭다.

2. 형 사용하지 않은. 새 것의.

3. 부 방금. 새로이. 갓.

动力(dònglì)：명 (일 · 사업 등을 추진시키는) 동력. 원동력.

6) 很多民营企业人员反映，国家和地方出台的一系列引导民间投资的政策措施，为企业发展提供了千载难逢的机会，但他们同时也期待政府能推进民营企业在投资审批·土地·外贸·财税扶持等方面获得公平待遇。

hěn duō mínyíng qǐyè rényuán fǎnyìng, guójiā hé dìfāng chūtái de yíxìliè yǐndǎo mínjiān tóuzī de zhèngcè cuòshī, wèi qǐyè fāzhǎn tígōng le qiānzàinánféng de jīhuì, dàn tāmen tóngshí yě qīdài zhèngfǔ néng tuījìn mínyíng qǐyè zài tóuzī shěnpī · tǔdì · wàimào · cáishuì fúchí děng fāngmiàn huòdé gōngpíng dàiyù。

많은 민영 기업인들은, 국가와 지방정부가 제기한 일련의 민간투자를 유도하는 정책 조치는 기업 발전을 위해 천재일우의 기회를 제공했다고 반영했지만, 투자 심사 허가 · 토지 · 대외무역 · 재정과 세무의 지원 등 방면에서 민영기업의 공평한 대우 받기를 정부가 추진할 수 있도록 그들은 동시에 기대한다.

A) 很多民营企业人员反映，国家和地方出台的一系列引导民间投资的政策措施，为企业发展提供了千载难逢的机会，

hěn duō mínyíng qǐyè rényuán fǎnyìng, guójiā hé dìfāng chūtái de yíxìliè yǐndǎo mínjiān tóuzī de zhèngcè cuòshī, wèi qǐyè fāzhǎn tígōng le qiānzàinánféng de jīhuì,

많은 민영 기업인들은, 국가와 지방정부가 제기한 일련의 민간투자를 유도하는 정책 조치는 기업 발전을 위해 천재일우의 기회를 제공했다고 반영했다.

民营(mínyíng) : 형 민영의. 민간인이 경영하는. → 민영.

企业(qǐyè) : 명 기업.

人员(rényuán) : 명 인원. 요원.

反映(fǎnyìng) : 1. 동 (사람이나 물체의 형상을) 되비치다. 반사하다.
2. 동 반영하다.
3. 동 (상급 기관이나 관련 부서에) 보고하다. 전달하다.

国家(guójiā) : 명 나라. 국가.

地方(dìfāng) : 1. 명 그〔이〕 지방. 그〔이〕곳. 본지. 현지. 당지.
2. 명 (중앙에 대하여) 지방(정부). 〔각급 행정 구역의 총칭〕

地方(dìfang) : 1. 명 부분. 점.
2. 명 (～儿) 장소. 곳. 자리. 부위.
一系列(yíxìliè) : 형 일련의. 연속의.
措施(cuòshī) : 명 조치. 대책.
为(wèi) : 1. 개 …에게(…을 해주다). …을 위하여. 〔행위의 대상을 나타냄〕
2. 개 …때문에. …덕택에. …하기 위해. 〔행위의 원인 · 목적을 나타냄〕
3. 개 …에 대해서. …을 향하여. 〔행위의 방향을 나타냄〕
发展(fāzhǎn) : 1. 동 발전하다. → 발전.
2. 동 확대〔발전〕시키다. 확충하다.
提供(tígōng) : 동 (자료 · 물자 · 의견 · 조건 등을) 제공하다. 공급하다. 내놓다.
千载难逢(qiānzàinánféng) : 천재일우의 기회. 좀처럼 만나기 어려운 기회.
机会(jīhuì) : 명 기회. 시기. 찬스.

B) 但他们同时也期待政府能推进民营企业在投资审批 · 土地 · 外贸 · 财税扶持等方面获得公平待遇。

dàn tāmen tóngshí yě qīdài zhèngfǔ néng tuījìn mínyíng qǐyè zài tóuzī shěnpī · tǔdì · wàimào · cáishuì fúchí děng fāngmiàn huòdé gōngpíng dàiyù。

하지만 투자 심사허가 · 토지 · 대외무역 · 재정과 세무의 지원 등 방면에서 민영기업의 공평한 대우받기를 정부가 추진할 수 있도록 그들은 동시에 기대한다.

但(dàn) : 1. 접 그러나. 그렇지만. 하지만.
2. 부 다만. 단지. 오직. 오로지.
期待(qīdài) : 동 기대하다. 기다리다. 고대하다. 바라다.
推进(tuījìn) : 1. 동 (일 · 사업을) 추진하다. 추진시키다.
2. 동 (전선이나 군대를) 밀고 나아가다. 진격하다.
方面(fāngmiàn) : 명 방면. 부분. 분야. 영역. 측(면). 쪽.
在(zài)…方面(fāngmiàn) : …방면에서. …분야에서.
审批(shěnpī) : 동 심사하여 비준〔허가〕하다. → 심사허가. 심사비준.
土地(tǔdì) : 1. 명 토지. 전답. 전지. 농토. 땅.
2. 명 영토. 국토. 강토. 강역.

外贸(wàimào) : 명 对外贸易(대외 무역).

财税(cáishuì) : 명 재정과 세무.

扶持(fúchí) : 1. 동 부축하다.

2. 동 돕다. 지지하다. 보살피다. → 지지. 부조. 지원.

获得(huòdé) : 동 얻다. 취득하다. 획득하다. 손에 넣다.

公平(gōngpíng) : 형 공평하다. 공정하다.

待遇(dàiyù) : 1. 명 (급료 · 보수 · 권리 · 지위 등의) 대우. 대접.

2. 동 대우하다.

民营企业在投资审批 · 土地 · 外贸 · 财税扶持等方面获得公平待遇 : 투자 심사허가 · 토지 · 대외무역 · 재정과 세무의 지원 등 방면에서 민영기업이 공평한 대우를 받다 → 민영기업의 공평한 대우받기.

政府能推进(民营企业在投资审批 · 土地 · 外贸 · 财税扶持等方面获得公平待遇) : (투자 심사허가 · 토지 · 대외무역 · 재정과 세무의 지원 등 방면에서 민영기업의 공평한 대우받기를) 정부가 추진할 수 있다 → 있도록.

他们同时也期待〔政府能推进(民营企业在投资审批 · 土地 · 外贸 · 财税扶持等方面获得公平待遇)〕 : 〔(투자 심사허가 · 토지 · 대외무역 · 재정과 세무의 지원 등 방면에서 민영기업의 공평한 대우받기를) 정부가 추진할 수 있도록〕 그들은 동시에 기대한다.

7) 调结构更加注重长远

tiáo jiégòu gèngjiā zhùzhòng chángyuǎn

구조조정은 장구함을 더욱 중시한다.

调(tiáo) : 1. 동 조정하다. 조절하다.

2. 동 골고루 섞다. 배합하다. 적절하게 혼합하다.

3. 형 고르다. 일정하다. 알맞다. 적당하다. 적절하다.

结构(jiégòu) : 1. 명 구조. 구성. 조직. 짜임새.

2. 명 구조. 구조물.

3. 동 (글 · 줄거리 등을) 안배하다. 짜다. 꾸미다. 배치하다.

更加(gèngjiā) : 부 더욱. 더. 훨씬. 한층 더. 가일층. 더군다나.

注重(zhùzhòng) : 동 중시하다. 중점을 두다.

长远(chángyuǎn) : 1. 형 (미래의 시간이) 길다. 장원하다. 장구하다. → 장구함.
2. 형 (지나간 시간을 가리켜) 멀다. 오래되다.

8) 面对国内外新的经济形势，"稳增长"不仅是当务之急，而且是一项长期的艰巨任务。

miànduì guónèiwài xīn de jīngjì xíngshì, "wěn zēngzhǎng" bùjǐn shì dāngwùzhījí, érqiě shì yí xiàng chángqī de jiānjù rènwu。

국내외의 새로운 경제 형세에 직면하여, "성장 안정"은 급선무일 뿐만 아니라, 또한 장기적인 막중한 임무이다.

面对(miànduì) : 동 마주 보다. 마주 대하다. 직면하다. 직접 대면하다.

国内(guónèi) : 명 국내.

国外(guówài) : 명 국외. 외국.

国内外(guónèiwài) : 국내외.

经济(jīngjì) : 1. 명 경제. 국민 경제.
2. 명 경제 활동.
3. 명 살림살이. 개인의 생활 형편.
4. 형 경제적이다. 경제적인 효율이 높다. 가격이 싸다.
5. 동 나라를 다스리다. 〔경세제민의 준말〕

形势(xíngshì) : 1. 명 형세. 정세. 형편. 상황.
2. 명 지세. 〔주로 군사적인 표현으로 쓰임〕

稳(wěn) : 1. 동 안정되게 하다. 진정시키다. 가라앉히다.
2. 형 평온하다.
3. 형 안정되다. 확고하다. 튼튼하다. 움직이지 않다. 고정되다.
4. 형 확실하다. 틀림없다.
5. 형 침착하다. 신중하다. 진중하다.

稳增长(wěn zēngzhǎng) : 성장을 안정되게 하다 → 성장 안정. 성장안정론.
안정적으로 성장하다 → 안정적 성장.

不仅(bùjǐn) : 1. 접 …뿐만 아니라.

2. 부 …에 그치지 않다. …만은 아니다.

而且(érqiě) : 접 게다가. 뿐만 아니라. 또한.

不仅(bùjǐn)…, 而且(érqiě)… : … 뿐만 아니라, (또한) …이다.

当务之急(dāngwùzhījí) : 당장 급히 처리해야 하는 일. 급선무.

长期(chángqī) : 명 장시간. 장기간.

艰巨(jiānjù) : 형 어렵고 힘들다. 어렵고도 무겁다. 막중하다.

任务(rènwu) : 명 임무. 책무.

9) 分析人士指出，要在“稳增长”的同时进一步加大调结构的力度，更加注重拓宽经济增长空间和提高增长质量。

fēnxī rénshì zhǐchū, yào zài “wěn zēngzhǎng” de tóngshí jìnyíbù jiādà tiáo jiégòu de lìdù, gèngjiā zhùzhòng tuòkuān jīngjì zēngzhǎng kōngjiān hé tígāo zēngzhǎng zhìliàng。

분석가에 의하면, “성장 안정”과 동시에 구조조정의 역량을 진일보하여 확대시키고, 경제 성장의 공간 확대와 성장의 질 향상을 더욱 중시해야 한다.

分析(fēnxī) : 동 분석하다. → 분석.

人士(rénshì) : 명 인사.

分析人士(fēnxī rénshì) : 분석가.

指出(zhǐchū) : 동 밝히다. 지적하다. 가리키다.

分析人士指出 : 분석가는 …라고 밝히다. → 분석가에 의하면.

要(yào) : 1. 동 마땅히 …해야만 한다. …해야 한다.

2. 동 얻기〔가지기〕를 희망하다. 가지다. 소유하다.

3. 동 희망하다. 바라다. 원하다. 필요하다.

4. 동 (받아 내려고) 독촉하다. (애써서) 받아〔얻어〕내다.

5. 동…할 것이다. …하려 하고 있다.

6. 동 부탁하다. 요구하다. 청구하다.

7. 동 …하고야 말 것이다. …하겠다. 〔염원이나 굳은 의지를 나타냄〕

8. 접 만약. 만일. …하면.

※ 要는 여기에서 조동사로서, 제1 본동사 加大 및 제2 본동사 注重과 연관되어 있어, 번역은 마지막 본동사의 뒤에서 표현해야 한다.

在"稳增长"的同时 : "성장을 안정되게" 하는 동시에 → "성장 안정"과 동시에.

进一步(jìnyíbù) : 부 (한 걸음 더) 나아가. 진일보하여. → 더욱.

拓宽(tuòkuān) : 동 확장하다. 넓히다.

空间(kōngjiān) : 명 공간.

拓宽经济增长空间 : 경제 성장의 공간을 확대하다 → 경제 성장의 공간 확대.

质量(zhìliàng) : 1. 명 (생산품이나 일의) 질. 품질.
2. 명 질량.

提高增长质量 : 성장의 질을 향상시키다 → 성장의 질 향상. *

4. 번역 | 민간투자의 개방

민간투자의 격려와 유도

현재 정부투자의 효과를 발휘하는 동시에, 민간투자를 시행하는 정책의 역량이 전례 없이 확대되었다. 관련 부서는 민간투자를 격려하고 유도하는 42개 항목의 실행 세칙을 이미 계속해서 제기했고, 철로 프로젝트 건설 · 장비제조 · 교통운수 기초시설 등 영역이 민간자본에게 장차 계속해서 개방될 것이다.

어떤 데이터에 의하면, 현재 민간투자가 전체 고정자산 투자를 점하는 비중은 62%까지 향상되었고, 성장 속도가 국유투자보다 빨라, 투자 성장의 새 동력이 되었다.

많은 민영 기업인들은, 국가와 지방정부가 제기한 일련의 민간투자를 유도하는 정책 조치는 기업 발전을 위해 천재일우의 기회를 제공했다고 반영했지만, 투자 심사허가 · 토지 · 대외무역 · 재정과 세무의 지원 등 방면에서 민영기업의 공평한 대우받기를 정부가 추진할 수 있도록 그들은 동시에 기대한다.

구조조정은 장구함을 더욱 중시한다.

국내외의 새로운 경제 형세에 직면하여, "성장 안정"은 급선무일 뿐만 아니라, 또한 장기적인 막중한 임무이다. 분석가에 의하면, "성장 안정"과 동시에 구조조정의 역량을 진일보하여 확대시키고, 경제 성장의 공간 확대와 성장의 질 향상을 더욱 중시해야 한다. *

第二课

政府经济工作的监督

第二课 政府经济工作的监督

1. 원문 监督工作扎实推进

常委会紧紧围绕推动"十二五"规划纲要顺利实施，继续加强和改进监督工作，更加贴近民生，取得实实在在的效果。

加强对财政预算的监督

依法听取审议计划·预算执行情况报告和中央决算报告·审计工作报告，审查批准2010年中央决算，并选择防范地方政府性债务风险·建立完善县级基本财力保障机制等开展了专题调研。

针对当前地方政府性债务规模较大且增长较快·举债融资不够规范·不少地区和行业偿债能力弱等问题，大家强调，

1)要抓紧清理地方政府融资平台公司，对已形成的地方政府性债务要区别情况·分类处理，逐步化解地方政府性债务风险；

2)要严格执行预算法·担保法等法律法规，防止和制止地方政府违规担保行为，地方政府性债务收支要纳入预算，接受同级人大审查与监督；

3)要健全中央和地方财力与事权相匹配的财政体制，进一步提高一般性转移支付所占比重，提高基层政府公共服务能力。

依法开展专题询问，增强人大监督工作的力度。去年，我们选择保障性住房建设、教育改革、财政决算等方面的问题，采取联组会议和分组会议的方式开展专题询问。常委会组成人员深入调研、精心准备，提出问题更具深度和针对性，国务院有关部门负责同志虚心听取意见，实事求是回答询问。中央主要媒体进行现场报道，产生了积极的社会反响。通过这些年的实践，专题询问逐步机制化规范化，有力推动了有关方面改进工作。

출처: 人民网. http://npc.people.com.cn/GB/17419796.html

2. 발음 dì èr kè zhèngfǔ jīngjì gōngzuò de jiāndū

jiāndū gōngzuò zháshí tuījìn

chángwěhuì jǐnjǐn wéirào tuīdòng “shí èr wǔ” guīhuà gāngyào shùnlì shíshī, jìxù jiāqiáng hé gǎijìn jiāndū gōngzuò, gèngjiā tiējìn mínshēng, qǔdé shíshízàizài de xiàoguǒ。

jiāqiáng duì cáizhèng yùsuàn de jiāndū

yīfǎ tīngqǔ shěnyìjìhuà · yùsuàn zhíxíng qíngkuàng bàogào hé zhōngyāng juésuàn bàogào · shěnjì gōngzuò bàogào, shěnchá pīzhǔn èr líng yī líng nián zhōngyāng juésuàn, bìng xuǎnzé fángfàn dìfāng zhèngfǔxìng zhàiwù fēngxiǎn · jiànlì wánshàn xiànjí jīběn cáilì bǎozhàng jīzhì děng kāizhǎn le zhuāntí diàoyán。

zhēnduì dāngqián dìfāng zhèngfǔxìng zhàiwù guīmó jiào dà qiě zēngzhǎng jiào kuài · jǔzhài róngzī búgòu guīfàn · bùshǎo dìqū hé hángyè chángzhài nénglì ruò děng wèntí, dàjiā qiángdiào,

1)yào zhuājǐn qīnglǐ dìfāng zhèngfǔ róngzī píngtái gōngsī, duì yǐ xíngchéng de dìfāng zhèngfǔxìng zhàiwù yào qūbié qíngkuàng ·

fēnlèi chùlǐ, zhúbù huàjiě dìfāng zhèngfǔxìng zhàiwù fēngxiǎn；

2)yào yángé zhíxíng yùsuànfǎ · dānbǎofǎ děng fǎlǜ fǎguī, fángzhǐ hé zhìzhǐ dìfāng zhèngfǔ wéiguī dānbǎo xíngwéi, dìfāng zhèngfǔxìng zhàiwù shōuzhī yào nàrù yùsuàn, jiēshòu tóngjí réndà shěnchá yǔ jiāndū；

3)yào jiànquán zhōngyāng hé dìfāng cáilì yǔ shìquán xiāng pǐpèi de cáizhèng tǐzhì, jìnyíbù tígāo yìbānxìng zhuǎnyí zhīfù suǒ zhān bǐzhòng, tígāo jīcéng zhèngfǔ gōnggòng fúwù nénglì。

yīfǎ kāizhǎn zhuāntí xúnwèn, zēngqiáng réndà jiānguǎn gōngzuò de lìdù。qùnián, wǒmen xuǎnzé bǎozhàngxìng zhùfáng jiànshè、jiàoyù gǎigé、cáizhèng juésuàn děng fāngmiàn de wèntí, cǎiqǔ liánzǔ huìyì hé fēnzǔ huìyì de fāngshì kāizhǎn zhuāntí xúnwèn。chángwěihuì zǔchéng rényuán shēnrù diàoyán、jīngxīn zhǔnbèi, tíchū wèntí gèng jù shēndù hé zhēnduìxìng, guówùyuàn yǒuguān bùmén fùzé tóngzhì xūxīn tīngqǔ yìjiàn, shíshìqiúshì huídá xúnwèn。zhōngyāng zhǔyào méitǐ jìnxíng xiànchǎng bàodào, chǎnshēng le jījí de shèhuì fǎnxiǎng。tōngguò zhèxiē nián de shíjiàn, zhuāntí xúnwèn zhúbù jīzhìhuà guīfànhuà, yǒulì tuīdòng le yǒuguān fāngmiàn gǎijìn gōngzuò。

3. 해설 정부 경제업무의 감독

1) 政府经济工作的监督

zhèngfǔ jīngjì gōngzuò de jiāndū
정부 경제업무의 감독

政府(zhèngfǔ) : 정부. 1-3.
经济(jīngjì) : 경제. 1-8.
工作(gōngzuò) : 1. 명 직업. 일자리.
2. 명 근무. 작업. 일. 업무. 공작. 노동.
3. 동 일하다. 작업하다. 노동하다.
4. 동 작동하다. 운전하다.
监督(jiāndū) : 1. 동 감독하다.
2. 명 감독.

2) 监督工作扎实推进

jiāndū gōngzuò zháshí tuījìn
감독업무의 확고한 추진

扎实(zháshí) : 1. 형 견실하다. 견고하다. 튼튼하다. 확고하다.
2. 형 착실하다. 견실하다. 성실하다. 충실하다.
推进(tuījìn) : 추진하다. 추진시키다. → 추진. 1-6.

3) 常委会紧紧围绕推动"十二五"规划纲要顺利实施，继续加强和改进监督工作，更加贴近民生，取得实实在在的效果。

chángwěhuì jǐnjǐn wéirào tuīdòng "shí èr wǔ" guīhuà gāngyào shùnlì shíshī, jìxù jiāqiáng hé gǎijìn jiāndū gōngzuò, gèngjiā tiējìn mínshēng, qǔdé shíshízàizài de xiàoguǒ。

상무위원회는 "12 · 5" 계획 강령의 추진을 단단히 중심에 놓고 순조롭게 실시하여, 감독 업무를 계속 강화하고 개선하며, 민생에 더욱 접근하고, 확실한 효과를 얻었다.

※ 시제 표현: 본 기사는 과거 사실을 서술하기 때문에, 과거형 시제를 사용함.

A) 常委会紧紧围绕推动"十二五"规划纲要顺利实施，

chángwěhuì jǐnjǐn wéirào tuīdòng "shí èr wǔ" guīhuà gāngyào shùnlì shíshī,

상무위원회는 "12 · 5" 계획 강령의 추진을 단단히 중심에 놓고 순조롭게 실시하다.

常委会(chángwěihuì)：全国人民代表大会常务委员会：전국인민대표대회 상무위원회. 全国人民代表大会(quánguó rénmín dàibiǎo dàhuì)는 중국의 최고 권력기관으로, 그 약칭은 '全国人大'이고, 전국인대는 성 · 자치구 · 직할시 · 특별행정구 · 군대 그리고 소수민족에서 선출한 대표들로 구성되며, 그 임기는 5년이고, 전국인대의 회의는 매년 1회 거행한다. 그 상설기관은 전국인대 상무위원회로, 전국인대의 회의를 소집하며, 국가의 입법권을 행사한다. 전국인대 상무위원회의 임기는 전국인대와 동일하고, 그 위원장과 부위원장의 임기는 2회 연임 가능하다.

常务委员会(chángwù wěiyuánhuì)：상무위원회. 약칭은 常委会이다.

常务(chángwù)：1. 형 일상 업무를 맡는. 상무의. 상임의.
2. 명 일상적인 업무. 상무.

紧紧(jǐnjǐn)：1. 형 팽팽하다.
2. 형 빡빡하다. 매우 가깝다. 틈이 거의 없다. 꼭 끼다.
3. 형 단단하다. 단단해서 움직이지 않는다. → 단단히. 바짝. 꽉.

围绕(wéirào)：1. 동 (문제나 일을) 둘러싸다. …을 중심에 놓다.
2. 동 주위〔둘레〕를 돌다.

推动(tuīdòng)：동 추진하다. 나아가게 하다. 촉진하다. 조장하다.

十二五(shí èr wǔ) : 12 · 5. 중국은 1953년부터 5년을 한 단위로 국가의 중 · 단기 경제계획을 수립했다. 제1차 경제개발 5개년 계획은 '一五'로 약칭한다. '十二五'는 제12차 경제개발 5개년 계획을 뜻하고, 그 기간은 2011년부터 2015년까지이며, 그 정식명칭은 '中华人民共和国国民经济和社会发展第十二个五年规划纲要(중국 국민경제와 사회발전 제12차 5개년 계획 강령)'이다.

规划(guīhuà) : 1. 명 계획. 기획. 〔종합적 · 장기적인 발전 계획에 쓰임〕
2. 동 기획하다. 계획하다. 꾀하다.

纲要(gāngyào) : 1. 명 강령. 대요. 요지.
2. 명 대강. 개요. 〔주로 서명 · 서류명에 쓰임〕

推动"十二五"规划纲要 : "12 · 5" 계획 강령을 추진하다 → 계획 강령의 추진.

常委会紧紧围绕推动"十二五"规划纲要 : 상무위원회는 "12 · 5" 계획 강령의 추진을 단단히 중심에 놓다.

顺利(shùnlì) : 형 순조롭다. 일이 잘 되어가다. → 순조롭게.

实施(shíshī) : 실시하다. 1-4.

顺利实施 : 순조롭게 실시하다.

B) 继续加强和改进监督工作,
jìxù jiāqiáng hé gǎijìn jiāndū gōngzuò,
감독 업무를 계속 강화하고 개선한다.

继续(jìxù) : 1. 동 계속하다. 끊임없이 하다. → 계속(하여).
2. 명 연속. 계속. 속편.

加强(jiāqiáng) : 동 강화하다. 증강하다.

改进(gǎijìn) : 동 개선하다. 개량하다.

C) 更加贴近民生,
gèngjiā tiējìn mínshēng,
민생에 더욱 접근하다.

更加(gèngjiā) : 더욱. 1-7.

贴近(tiējìn) : 1. 동 접근하다. 바싹 다가가다.
2. 형 친(밀)하다. 가깝다.

民生(mínshēng) : 1. 명 민생. 국민의 생활.
2. 명 생계. 살길. 호구지책.

D) 取得实实在在的效果。

qǔdé shíshízàizài de xiàoguǒ
확실한 효과를 얻다 → 확실한 효과를 얻었다.

实实在在(shíshízàizài) : 1. 형 착실하다. 확실하다.
2. 부 실로. 확실히. 참으로.
效果(xiàoguǒ) : 명 효과.

4) 加强对财政预算的监督

jiāqiáng duì cáizhèng yùsuàn de jiāndū
재정 예산에 대한 감독을 강화하다.

对(duì) : …에 대해(서). …에 대하여. 1-4.
财政(cáizhèng) : 명 재정.
预算(yùsuàn) : 1. 동 예산하다.
2. 명 예산.

5) 依法听取审议计划・预算执行情况报告和中央决算报告・审计工作报告，审查批准2010年中央决算，并选择防范地方政府性债务风险・建立完善县级基本财力保障机制等开展了专题调研。

yīfǎ tīngqǔ shěnyìjìhuà・yùsuàn zhíxíng qíngkuàng bàogào hé zhōngyāng juésuàn bàogào・shěnjì gōngzuò bàogào, shěnchá pīzhǔn èr líng yī líng nián zhōngyāng juésuàn, bìng xuǎnzé fángfàn dìfāng zhèngfǔxìng zhàiwù fēngxiǎn・jiànlì wánshàn xiànjí jīběn cáilì bǎozhàng jīzhì děng kāizhǎn le zhuāntí diàoyán。
법에 따라 계획・예산 집행 상황 보고와 중앙정부 결산 보고, 회계 감사 업무 보고를 청취하여 심의하고, 2010년 중앙정부 결산을 심사하여 비준하고, 또한 지방정부성 채무 위험의 방비와 완벽한 현급의 기본 경제력 보장 체제의 수립 등을 선택하여 주제 조사・연구를 전개했다.

A) 依法听取审议计划・预算执行情况报告和中央决算报告・审计工作报告,

yīfǎ tīngqǔ shěnyìjìhuà・yùsuàn zhíxíng qíngkuàng bàogào hé zhōngyāng juésuàn bàogào・shěnjì gōngzuò bàogào,

법에 따라 계획・예산 집행 상황 보고와 중앙정부 결산 보고, 회계 감사 업무 보고를 청취하여 심의하고,

依法(yīfǎ) : 1. 동 법에 의거하다〔따르다〕.
2. 동 어떤 방법을 따르다. 일정한 유형을 따르다.

听取(tīngqǔ) : 동(의견・보고 등을) 청취하다. 귀담아듣다. 귀를 기울이다.

审议(shěnyì) : 동 심의하다. 심사하다.

计划(jìhuà) : 1. 동 계획하다. 기획하다. 꾸미다. …할 계획이다.
2. 명 계획. 작정. 방안.

执行(zhíxíng) : 1. 동 집행하다. 수행하다. 실행하다. 실시하다.
2. 동 (프로그램 명령 등을) 실행하다.

情况(qíngkuàng) : 1. 명 상황. 정황. 형편. 사정.
2. 명 군사상의 상황 변화.

报告(bàogào) : 1. 명 보고. 보고서. 리포트.
2. 동 보고하다. 발표하다. 연설하다.

和(hé) : …과〔와〕. 1-2.

中央(zhōngyāng) : 1. 명 중앙. 가운데.
2. 명 정부〔정치 조직〕의 최고 기관. → 중앙정부.
3. 명 (지방에 대하여) 중앙(정부).

审计(shěnjì) : 동 회계 감사를 하다.

B) 审查批准2010年中央决算,

shěnchá pīzhǔn èr líng yī líng nián zhōngyāng juésuàn,

2010년 중앙정부 결산을 심사하여 비준하고,

审查(shěnchá) : 동 (제안 · 계획 · 경력 등을) 심사하다. 검열하다. 심의하다.

批准(pīzhǔn) : 동 비준하다. 허가하다. 승인하다. 재가하다.

审查批准 : 1) 비준을 심사하다. 2) 심사하여 비준하다.

年(nián) : 1. 양 년. 해.
2. 명 년.
3. 명 매년〔매해〕의 것.

C) 并选择防范地方政府性债务风险·建立完善县级基本财力保障机制等开展了专题调研。

bìng xuǎnzé fángfàn dìfāng zhèngfǔxìng zhàiwù fēngxiǎn · jiànlì wánshàn xiànjí jīběn cáilì bǎozhàng jīzhì děng kāizhǎn le zhuāntí diàoyán。

또한 지방정부성 채무 위험의 방비와 완벽한 현급의 기본 경제력 보장 체제의 수립 등을 선택하여 주제 조사 · 연구를 전개했다.

并(bìng) : 1. 동 병렬하다. 나란히 하다. 가지런히 하다.
2. 부 함께. 같이. 동시에.
3. 부 결코. 전혀. 조금도. 그다지. 별로. 〔부정사의 앞에 쓰임〕
4. 접 그리고. 또. 아울러. 게다가.

选择(xuǎnzé) : 1. 동 고르다. 선택하다.
2. 명 선택.

防范(fángfàn) : 동 방비하다. 경비하다. 경계하다. 예방하다.

地方(dìfāng) : (중앙에 대하여) 지방(정부). 〔각급 행정 구역의 총칭〕. 1-6.

政府(zhèngfǔ) : 정부. 1-3.

性(xìng) : 1. 접미 성. …적(인). 〔명사 · 형용사 · 동사 뒤에 쓰여, 사물의 성질 · 성능 · 범위 · 방식 등을 나타냄〕
2. 명 (사람의) 본성.
3. 명 성별.
4. 명 성정. 성질. 기질. 성격.
5. 명 (물질의) 성질. 특징.
6. 명 성. 생식 · 성욕과 관련 있는 것.

债务(zhàiwù) : 명 채무. 부채.

地方政府性债务(dìfāng zhèngfǔxìng zhàiwù) : 지방정부성 채무.
지방정부와 소속 기구가 공익성 건설을 위해 직접 차입 · 연체한 혹은 담보 제공 · 환매 등 신용의 지지로 형성된 채무이다. 이에는 직접 차입 · 연체로 형성된 직접 채무와 담보 제공 · 환매 등 신용 지지로 형성된 담보 채무가 있다.

风险(fēngxiǎn) : 명 위험(성). 모험.

防范地方政府性债务风险 : 지방정부성 채무의 위험을 방비하다.
→ 지방정부성 채무 위험의 방비.

建立(jiànlì) : 1. 동 창설하다. 건립하다. 수립하다. 세우다. → 건립. 수립.
2. 동 구성하다. 형성하다. 이루다. 만들다. 세우다. 맺다.

完善(wánshàn) : 1. 형 완선하다. 완벽하다. 완전하다. 흠잡을 데가 없다.
2. 동 완벽하게〔완전하게〕 하다.

县级(xiànjí) : 명 현급. 현의 등급. 〔현(县)은 중국 행정구획 단위의 하나로, 1급 행정구획인 성(省) · 자치구(自治区) · 직할시(直辖市) 등 밑에 속함〕

基本(jīběn) : 1. 형 기본의. 기본적인. 근본적인.
2. 형 주요한. 주된. 중요한.
3. 부 대체로. 거의. 기본적으로.

财力(cáilì) : 명 경제력. 재력. 재정적인 힘.

保障(bǎozhàng) : 1. 동 (생명 · 재산 · 권리 등을) 보장하다. 보증하다.
2. 동 확보하다.
3. 명 보장. 보증.

机制(jīzhì) : 1. 형 기계로 제조한.
2. 명 (기계의) 메커니즘(mechanism). 체제. 시스템.
3. 명 (유기체의) 메커니즘. 체제. 구조 · 기능 및 상호 관계.

建立完善县级基本财力保障机制 : 완벽한 현급의 기본 경제력 보장 체제를 수립하다. → 완벽한 현급 기본 경제력 보장 체제의 수립.

等(děng) : 등. 따위. 1-4.

开展(kāizhǎn) : 1. 동 (활동이 큰 범위로) 전개되다. 확대되다. 펼쳐지다.
2. 동 전개하다. 확대시키다. 펼치다. 벌리다. 넓히다.
3. 동 (전람회 · 전시회 등이) 열리다.
4. 형 (생각이) 트이다. (성격이) 명랑하다. 활달하다. 낙관적이다.

专题(zhuāntí) : 명 전제. 특정한 제목. 전문적인 테마. 주제.

调研(diàoyán) : 동 조사 · 연구하다.

6) 针对当前地方政府性债务规模较大且增长较快·举债融资不够规范·不少地区和行业偿债能力弱等问题，大家强调，1) 要抓紧清理地方政府融资平台公司，对已形成的地方政府性债务要区别情况·分类处理，逐步化解地方政府性债务风险；

zhēnduì dāngqián dìfāng zhèngfǔxìng zhàiwù guīmó jiào dà qiě zēngzhǎng jiào kuài·jǔzhài róngzī búgòu guīfàn·bùshǎo dìqū hé hángyè chángzhài nénglì ruò děng wèntí, dàjiā qiángdiào, 1) yào zhuājǐn qīnglǐ dìfāng zhèngfǔ róngzī píngtái gōngsī, duì yǐ xíngchéng de dìfāng zhèngfǔxìng zhàiwù yào qūbié qíngkuàng·fēnlèi chùlǐ, zhúbù huàjiě dìfāng zhèngfǔxìng zhàiwù fēngxiǎn ;

현재 지방정부성 채무의 규모가 비교적 크고 성장이 비교적 빠르며, 기채·융자가 충분히 규범화되지 못하고, 적지 않은 지역과 업종의 부채상환 능력이 허약하다 등의 문제에 직면하여, 많은 사람이 다음과 같이 강조한다. 즉 1) 지방정부융자플랫폼회사를 신속히 청산해야 하고, 이미 형성된 지방정부성 채무에 대해 상황을 판별하고, 분류해서 처리하여, 지방정부성 채무의 위험을 점차 제거해야 한다.

A) 针对当前地方政府性债务规模较大且增长较快·举债融资不够规范·不少地区和行业偿债能力弱等问题，

zhēnduì dāngqián dìfāng zhèngfǔxìng zhàiwù guīmó jiào dà qiě zēngzhǎng jiào kuài·jǔzhài róngzī búgòu guīfàn·bùshǎo dìqū hé hángyè chángzhài nénglì ruò děng wèntí,

현재 지방정부성 채무의 규모가 비교적 크고 성장이 비교적 빠르며, 기채·융자가 충분히 규범화되지 못하고, 적지 않은 지역과 업종의 부채상환 능력이 허약하다 등의 문제에 직면하여,

针对(zhēnduì) : 동 겨누다. 겨냥하다. 조준하다. 초점을 맞추다. → 직면하여.

当前(dāngqián) : 현재. 현 단계. 1-3.

规模(guīmó) : 명 규모. 형태. 범위. 영역.

规模化(guīmóhuà) : 동 (경영을) 규모화하다. 상당한 규모로 발전시키다.

规模效益(guīmó xiàoyì) : 명 규모 경제 효과.

规模经营(guīmó jīngyíng) : 동 체계적으로 경영하다.

较(jiào) : 1. 동 비교하다. 비하다. 비기다. 견주다. 겨루다.
2. 동 계산하여 비교하다. 따지다. 염두에 두다. 문제삼다.
3. 부 비교적. 좀. 보다.
4. 형 뚜렷하다. 분명하다. 확연히 드러나다.
5. 개 …보다. 〔비교의 대상을 끌어오며, 比에 상당함〕

且(qiě) : 1. 부 잠시. 잠깐. 당분간. 일단.
2. 접 …하면서 …하다.
3. 접 다시금. 그 위에. 더욱이. 게다가. 또한.

增长(zēngzhǎng) : 성장. 1-5.

快(kuài) : 1. 형 빠르다.
2. 형 영민하다. 민첩하다.
3. 부 빨리. 급히.

举债(jǔzhài) : 동 돈을 빌리다. 빚을 내다. 기채하다. 빚을 얻다.

融资(róngzī) : 1. 동 융자하다.
2. 명 융자.

不够(búgòu) : 1. 형 부족하다. 충족하지 않다.
2. 동 (정도가 요구에) 모자라다. 미치지 못하다. 불충분하다.

规范(guīfàn) : 1. 명 규범. 표준. 준칙. 본보기. 모범.
2. 동 규범에 맞게 하다. 규범화하다.
3. 형 규범에 맞는. 규범적인.

不够规范 : 규범에 미치지 못하다 → 규범화되지 못함.

地区(dìqū) : 명 지역. 지구.

行业(hángyè) : 1. 명 직업. 직종. 업종.
2. 명 공업 · 상업의 유별〔종류〕.

偿债(chángzhài) : 1. 동 부채를 상환하다. 빚을 갚다.
2. 명 부채상환. 채무상환. 상채.

能力(nénglì) : 명 능력. 역량.

弱(ruò) : 1. 형 허약하다. 약하다.
2. 형 (성격이) 연약하다. 나약하다.
3. 형 …보다 못하다. …에 비해 손색이 있다.

问题(wèntí) : 1. 명 (해답 · 해석 등을 요구하는) 문제.
2. 명 (해결해야 할) 문제. 숙제.
3. 명 (사고나 문젯거리 등의) 문제. 고장.

B) 大家强调，1)要抓紧清理地方政府融资平台公司，对已形成的地方政府性债务要区别情况·分类处理，逐步化解地方政府性债务风险；

dàjiā qiángdiào, 1)yào zhuājǐn qīnglǐ dìfāng zhèngfǔ róngzī píngtái gōngsī, duì yǐ xíngchéng de dìfāng zhèngfǔxìng zhàiwù yào qūbié qíngkuàng · fēnlèi chùlǐ, zhúbù huàjiě dìfāng zhèngfǔxìng zhàiwù fēngxiǎn ;

많은 사람이 다음과 같이 강조한다. 즉 1)지방정부융자플랫폼회사를 신속히 청산해야 하고, 이미 형성된 지방정부성 채무에 대해 상황을 판별하고, 분류해서 처리하여, 지방정부성 채무의 위험을 점차 제거해야 한다.

大家(dàjiā) : 1. 대 모두. 다들. 〔일정 범위 내의 모든 사람을 가리킴〕
2. 명 대가. 권위자.
3. 명 대갓집. 명문. 명가.

强调(qiángdiào) : 동 강조하다.

要(yào) : …해야(만) 한다. 1-9.

抓紧(zhuājǐn) : 1. 동 꽉 쥐다. 단단히 잡다. 놓치지 않다. 틀어쥐다. 힘을 들이다.
2. 동 서둘러 하다. 급히 하다.

清理(qīnglǐ) : 동 깨끗이 정리〔처분〕하다. 청산하다.

抓紧清理 : 신속히 청산하다.

平台(píngtái) : 1. 명 옥상 건조대. 옥상 마당. 옥상 테라스.
2. 명 평면 작업대.
3. 명 플랫폼(platform).

公司(gōngsī) : 명 회사. 직장.

地方政府(投)融资平台公司(dìfāng zhèngfǔ (tóu) róngzī píngtái gōngsī) : 지방정부(투)융자플랫폼회사. 지방정부와 그 부서·기구·소속 사업단위 등이 재정적 지출금이나 토지·주주권 등 자산의 투입을 통해 설립하고, 정부의 공익성 사업에 대한 투자·융자 기능을 가지고 있으며, 또한 독립 기업법인 자격을 보유하는 경제 실체로서, 각종 종합적 투자회사로는 예로 건설투자회사·건설개발회사·투자개발회사·투자지주회사·투자발전회사·투자집단회사·국유자산운영회사 등이 있으며, 업종별 투자회사로는 예로 교통투자회사 등이 있다.

对(duì) : …에 대해. 1-4.

已(yǐ) : 1. 동 그치다. 끝나다. 멎다. 멈추다. 정지하다. 중지하다.
2. 부 이미. 벌써.
3. 부 나중에. 이후에. 뒤에. 다음에.

形成(xíngchéng) : 동 (어떤 사물이나 기풍 · 국면 등이) 형성되다. 이루어지다.

区别(qūbié) : 1. 동 구분하다. 나누다. 판별하다.
2. 명 구별. 차이.

分类(fēnlèi) : 동 분류하다.

处理(chùlǐ) : 1. 동 처리하다. (사물을) 안배하다. (문제를) 해결하다.
2. 동 (내린 가격 · 시가로) 물건을 처분하다.
3. 동 처벌하다. 징벌하다. 처분하다.

逐步(zhúbù) : 부 한 걸음 한 걸음. 점차.

化解(huàjiě) : 동 없애다. 제거하다. 풀리다. 없어지다.

7) 2)要严格执行预算法 · 担保法等法律法规，防止和制止地方政府违规担保行为，地方政府性债务收支要纳入预算，接受同级人大审查与监督；

2)yào yángé zhíxíng yùsuànfǎ · dānbǎofǎ děng fǎlǜ fǎguī, fángzhǐ hé zhìzhǐ dìfāng zhèngfǔ wéiguī dānbǎo xíngwéi, dìfāng zhèngfǔxìng zhàiwù shōuzhī yào nàrù yùsuàn, jiēshòu tóngjí réndà shěnchá yǔ jiāndū ;

2)예산법 · 담보법 등 법률 법규를 엄격히 집행하고, 지방정부의 담보 위반 행위를 방지하고 제지해야 하며, 지방정부성 채무의 수지는 예산에 편입하고, 동급 인민대표대회의 심사와 감독을 받아야 한다.

严格(yángé) : 1. 형 엄격하다. 엄하다.
2. 동 엄격히 하다. 엄하게 하다.

法(fǎ) : 1. 명 법. 법령. 법률.
2. 명 방법. 방식.

预算法(yùsuànfǎ) : 명 예산법.

担保(dānbǎo) : 1. 동 보증하다. 담보하다. 책임지다.
2. 동 담보하다. 보증하다.

担保法(dānbǎofǎ) : 명 담보법.

法律(fǎlǜ) : 1. 명 법률.
2. 명 형법.

法规(fǎguī) : 명 법규.
防止(fángzhǐ) : 동 방지하다.
制止(zhìzhǐ) : 동 제지〔저지〕하다.
要执行…, 防止和制止… : 要는 조동사이고, 执行와 防止和制止는 제1 본동사와 제2 · 제3 본동사이기에, 본 문장을 번역할 때는 마지막 본동사의 뒤에서 조동사 要를 사용해야 한다. → … 집행하고, … 방지하고 제지해야 한다.
违规(wéiguī) : 동 규정을 어기다. 위반하다.
行为(xíngwéi) : 명 행위. 행동. 행실. 하는 짓.
地方政府违规担保行为 : 지방정부가 담보를 위반하는 행위.
→ 지방정부의 담보 위반 행위.
收支(shōuzhī) : 명 수입과 지출. 수지.
纳入(nàrù) : 동 집어넣다. 편입하다. 포함시키다. 올려놓다. (궤도에) 오르다.
接受(jiēshòu) : 동 받아들이다. 받다. 수락하다. 접수하다. 영수하다.
同级(tóngjí) : 1. 동 등급 · 지위가 같다. 동급이다.
2. 동 학년이 같다.
人大(réndà) : 인민대표대회(人民代表大会, 약칭 人大 혹 人代会)는 중국의 국가권력기관으로, 중국공산당이 영도하며, 그 최고의 상설기관은 全国人民代表大会常务委员会이다. 인민대표대회제도는 중국의 근본적인 정치제도로 중국의 정체이며, 주권재민의 원칙에 의거하여, 선거민이 민주적 선거로 각급 인민대표대회 대표를 선출하여 전국과 지방 각급의 인민대표대회를 구성하며, 중국 헌법의 권한을 행사한다. 인민대표대회는 중앙에는 전국대표대회가 있고, 지방에는 성급 · 현급 · 향급 인민대표대회가 구성된다.
与(yǔ) : 1. 접 …와〔과〕. 〔병렬 관계를 나타냄〕
2. 개 …와〔과〕 함께. 〔동작의 대상을 가리킴〕
3. 접 …거나. 또는. 〔선택 관계를 나타냄〕
4. 동 주다. 베풀다.

8) 3)要健全中央和地方财力与事权相匹配的财政体制, 进一步提高一般性转移支付所占比重, 提高基层政府公共服务能力。

3)yào jiànquán zhōngyāng hé dìfāng cáilì yǔ shìquán xiāng pǐpèi de cáizhèng tǐzhì, jìnyíbù tígāo yìbānxìng zhuǎnyí zhīfù suǒ zhān bǐzhòng, tígāo jīcéng zhèngfǔ gōnggòng fúwù nénglì。

3)중앙정부 · 지방정부의 경제력과 직권이 서로 어울리는 재정체제를 완벽하게 만들고, 일반이전지급이 점유한 비중을 더욱 향상시키고, 기층정부의 공공 서비스 능력을 제고시켜야 한다.

健全(jiànquán) : 1. 형 (병 · 탈 없이) 건강하고 온전하다.
2. 형 완전하다. 완벽하다. 완비하다.
3. 동 완전하게 하다. 완벽하게 하다〔만들다〕.

事权(shìquán) : 명 직권.

相(xiāng) : 1. 부 서로. 함께. 상호.
2. 부 한쪽이 다른 한쪽에 행하는 동작을 나타냄.
3. 동 (마음에 드는지) 직접 보다. 선보다.

匹配(pǐpèi) : 1. 동 결혼하다. 배필로 맺어지다. 짝을 이루다.
2. 동 (부품 등을) 정합하다. 가지런히 꼭 맞다. 배합〔조합〕하다.
3. 형 잘 어울리다. 걸맞다. 짝이 맞다. 딱 맞다.

体制(tǐzhì) : 1. 명 체제. 형식. 격식.
2. 명 (기관 · 기업 따위의) 체제. 제도. 체계.

进一步(jìnyíbù) : 나아가. 진일보하여. → 더욱. 1-9.

提高(tígāo) : 향상시키다. 제고하다. 1-5.

一般性(yìbānxìng) : 1. 명 일반성. 보편성.
2. 형 일반적인.

转移(zhuǎnyí) : 1. 동 (방향이나 위치를) 전이하다. 옮기다. 이동시키다.
2. 동 바꾸다. 변경하다.

支付(zhīfù) : 동 지불하다. 내다.

转移支付(zhuǎnyí zhīfù) : 이전지급(transfer payment).
정부나 기업이 재화나 용역을 주고받음과 관계없이 무상으로 개인이나 하급 정부에게 지급하여 그 수입과 구매력의 비용을 증가시킨다. 이것에는 구호품, 연금, 보조금, 보험금 따위가 있으며, 일종의 수입재분배의 형식으로, 일반이전지급과 특수이전지급이 있다. 일반이전지급(一般性转移支付)은 상급정부가 법에 따라 사정한 하급정부 기준의 재정수요액과 재정지출액의 격차 및 각 지역 간 인구 · 자원 · 빈부 등 방면에서 존재하는 차이 요인에 근거하여 재정자금을 하급정부 재정수입으로 전환하는 일종의 보조형식이다. 특수이전지급(特殊性转移支付)은 특정한 조건하에서 상급정부가 하급정부에게 주는 이전지급으로, 자주 발생하지 않고, 그 수량과 기한에는 전문적인 법 규정이 있다.

所(suǒ) : 1. 조 '명사+～+동사'로 쓰여, 피수식어가 동사의 객체임을 나타냄.
2. 조 …되다. 〔'为 혹 被+명사+～+동사'로 쓰여, 피동을 나타냄〕
3. 조 …하는 바. 〔'是+명사 · 대명사+～+동사+的'로 쓰여, 행위자와 동작의 관계를 강조함〕

4. 조 (주로 단음절) 동사 앞에 '～+동사'로 쓰여, 그 동사와 함께 명사적 성분이 됨.
5. 명 장소. 곳.
6. 명 소. 〔기관 · 기타 사무를 보는 곳의 명칭에 쓰임〕
7. 양 채. 동. 〔집 · 건물을 세는 단위〕
8. 양 개. 하나. 〔학교 · 병원을 세는 단위〕

占(zhān) : 점유하다. 차지하다. 1-5.

比重(bǐzhòng) : 비중. 1-5.

一般性转移支付所占比重 : 일반이전지급이 점유한 비중.

基层(jīcéng) : 명 기층. 저층. 기저층. 밑바닥. 저변. (조직의) 말단. 하부 조직.

政府(zhèngfǔ) : 정부. 1-3.

基层政府(jīcéng zhèngfǔ) : 기층정부.

公共(gōnggòng) : 형 공공의. 공중의. 공용의. 공동의.

服务(fúwù) : 동 복무하다. 근무하다. 일하다. 봉사하다. 서비스하다. → 서비스.

9) 依法开展专题询问，增强人大监督工作的力度。去年，我们选择保障性住房建设、教育改革、财政决算等方面的问题，采取联组会议和分组会议的方式开展专题询问。

yīfǎ kāizhǎn zhuāntí xúnwèn, zēngqiáng réndà jiānguǎn gōngzuò de lìdù。qùnián, wǒmen xuǎnzé bǎozhàngxìng zhùfáng jiànshè、jiàoyù gǎigé、cáizhèng juésuàn děng fāngmiàn de wèntí, cǎiqǔ liánzǔ huìyì hé fēnzǔ huìyì de fāngshì kāizhǎn zhuāntí xúnwèn。

법에 따라 주제 질문을 전개하고, 인민대표대회 감독 업무의 역량을 강화하였다. 작년에 우리는 보장성 주택 건설 · 교육 개혁 · 재정 결산 등 방면의 문제를 선택해서, 연석회의와 분조회의의 방식을 채택하여 주제 질문을 전개하였다.

询问(xúnwèn) : 동 알아보다. 물어 보다. 의견을 구하다. 문의〔질문, 신문〕하다.

增强(zēngqiáng) : 동 증강하다. 강화하다. 높이다.

监管(jiānguǎn) : 동 감독〔감시〕 관리하다.

力度(lìdù) : 역량. 1-3.

去年(qùnián) : 명 작년.

保障性(bǎozhàngxìng) : 보장성. 보증성. 보장적인. 보증적인.

住房(zhùfáng) : 명 주택.

建设(jiànshè) : 건설. 1-4.

教育(jiàoyù) : 1. 명 교육.

2. 동 교육하다. 양성하다. 육성하다. 기르다. 일깨우다. 계발하다.

改革(gǎigé) : 1. 동 개혁하다.

2. 명 개혁.

方面(fāngmiàn) : 방면. 분야. 1-6.

采取(cǎiqǔ) : 1. 동 (방침 · 수단 · 조치 · 태도 등을) 채택하다. 취하다. 강구하다.

2. 동 취하다. 채취하다. 얻다.

联组(liánzǔ) : 작은 집단이나 조직 혹은 회의체나 위원회가 연합하다.

会议(huìyì) : 명 회의.

联组会议(liánzǔ huìyì) : (둘 이상의 작은 집단이나 조직 혹은 회의체나 위원회가 합동으로 여는) 연석회의.

分组(fēnzǔ) : 1. 동 조를〔팀을 · 그룹을〕 나누다.

2. 명 조별. 분조. 소조(小组).

分组会议(fēnzǔ huìyì) : 조별회의. 소조회의. 분조회의.

方式(fāngshì) : 명 방식. 방법. 패턴.

10) 常委会组成人员深入调研、精心准备，提出问题更具深度和针对性，国务院有关部门负责同志虚心听取意见，实事求是回答询问。

chángwěihuì zǔchéng rényuán shēnrù diàoyán、jīngxīn zhǔnbèi, tíchū wèntí gèng jù shēndù hé zhēnduìxìng, guówùyuàn yǒuguān bùmén fùzé tóngzhì xūxīn tīngqǔ yìjiàn, shíshìqiúshì huídá xúnwèn。

상무위원회 구성원은 철저하게 조사 · 연구하고 정성스레 준비하며, 문제의 제기는 깊이와 예리함을 더욱 구비하고, 국무원 관련 부서의 책임자들은 의견을 겸허하게 청취하여, 질문을 실사구시적으로 응답했다.

组成(zǔchéng) : 1. 동 짜다. 조성하다. 구성하다. 조직하다.

2. 명 구성.

人员(rényuán) : 명 인원. 요원. 1-6.

组成人员 : 구성원.

深入(shēnrù) : 1. 형 깊다. 철저하다. 투철하다. → 철저하게. 깊게. 심도 있게.
2. 동 깊이 들어가다. 깊이 파고들다. 깊이 침투하다.

精心(jīngxīn) : 형 정성을 들이다. 심혈을 기울이다. 몹시 조심하다. → 정성스레.

准备(zhǔnbèi) : 1. 동 준비하다.
2. 명 준비. 예비. 대비. 계획. 작정.
3. 동 …하려고 하다. …할 작정〔계획〕이다.

提出(tíchū) : 1. 동 꺼내다.
2. 동 제출하다. 제의하다. 신청하다. 제기하다.

提出问题 : 문제를 제기하다. → 문제의 제기.

更(gèng) : 1. 부 더욱. 더. 훨씬. 한층 더. 가일층. 더군다나. 보다 더.
2. 부 다시. 또. 또한. 되풀이해서. 게다가.

具(jù) : 1. 동 준비하다. 마련하다. (사용할 물건을) 확보하다.
2. 동 진술하다. 열거하다. 늘어놓다.
3. 동 갖추다. 가지다. 구비하다. 〔주로 추상적인 사물에 쓰임〕

深度(shēndù) : 1. 명 깊이. 심도.
2. 명 (일이나 인식의) 정도. 깊이.
3. 형 (정도가) 심한.

针对性(zhēnduìxìng) : 명 정곡〔핵심〕을 찌르는 성질. 겨냥하는〔가리키는〕 바.
→ 예리함.

国务院(guówùyuàn) : 1. 명 국무원. 〔중화인민공화국의 최고 행정기관〕
2. 명 (미국의) 국무성.

有关(yǒuguān) : 관련 있는. 1-4.

部门(bùmén) : 부서. 1-4.

有关部门 : 관련 부서.

负责(fùzé) : 1. 동 책임지다.
2. 형 맡은 바 책임을 다하다. 책임감이 강하다. 성실히 노력하다.

同志(tóngzhì) : 명 동지.

负责同志 : 책임자.

虚心(xūxīn) : 형 겸손하다. 겸허하다. 자만하지 않다. 허심하다. → 겸허하게.

意见(yìjiàn) : 1. 명 견해. 의견.
2. 명 이의. 이론(异论). 불만. 반대.

实事求是(shíshìqiúshì) : 실사구시. 사실을 토대로 하여 진리를 탐구하다.
回答(huídá) : 1. 동 대답하다. 회답하다. 응답하다.
2. 명 회답. 대답. 응답.

11) 中央主要媒体进行现场报道，产生了积极的社会反响。
zhōngyāng zhǔyào méitǐ jìnxíng xiànchǎng bàodào, chǎnshēng le jījí de shèhuì fǎnxiǎng。
중앙의 주요 대중매체는 현장 보도를 진행하여, 열성적인 사회 반향을 나타냈다.

主要(zhǔyào) : 1. 형 주요한. 주된.
2. 부 주로. 대부분.
媒体(méitǐ) : 명 대중매체. 매스 미디어.
进行(jìnxíng) : 1. 동 앞으로 나아가다. 전진하다. 행진하다. 진행하다. …을 하다.
2. 동 (어떤 지속적인 일에) 종사하다.
现场(xiànchǎng) : 1. 명 (사건이나 사고의) 현장.
2. 명 작업 현장. 현지.
报道(bàodào) : 1. 명 (뉴스 등의) 보도.
2. 동 (뉴스 등을) 보도하다.
产生(chǎnshēng) : 동 생기다. 발생하다. 나타나다. 출현하다.
积极(jījí) : 1. 형 적극적이다. 열성적이다. 의욕적이다. 진취적이다.
2. 형 긍정적이다. 건설적이다.
社会(shèhuì) : 명 사회.
反响(fǎnxiǎng) : 명 반향.

12) 通过这些年的实践，专题询问逐步机制化规范化，有力推动了有关方面改进工作。
tōngguò zhèxiē nián de shíjiàn, zhuāntí xúnwèn zhúbù jīzhìhuà guīfànhuà, yǒulì tuīdòng le yǒuguān fāngmiàn gǎijìn gōngzuò。
요 몇 년의 실천을 통해, 주제 질문은 점차로 시스템화되고 · 규범화되었고, 관련 방면의 개선 작업을 강력히 추진했다.

通过(tōngguò) : 1. 동 (한쪽에서 다른 한쪽으로) 건너가다. 통과하다. 지나가다.
2. 동 (의안 · 법안 등이) 통과되다. 가결되다.
3. 동 (관계 기관 · 사람 등의) 동의나 비준을 얻다.
4. 개 …을 거쳐. …에 의해. …를 통해.

这些(zhèxiē) : 1. 대 이런 것들. 이러한. 이들. 이만한.
2. 대 이런 것들. 이들. 이러한.

这些年(zhèxiē nián) : 이 몇 년. 요 몇 년.

实践(shíjiàn) : 1. 명 실천. 실행. 이행.
2. 동 실천하다. 실행하다. 이행하다.

机制化(jīzhìhuà) : 시스템화하다. 체제화하다. → 시스템화.

规范化(guīfànhuà) : 동 규범화하다. 규범에 맞도록 하다. → 규범화.

有力(yǒulì) : 형 힘이 있다. 힘이 세다. → 힘이 있게. 강력히.

有关(yǒuguān) : 관련 있는. 1-4.

有关方面(yǒuguān fāngmiàn) : 관련 방면. *

4. 번역 정부 경제업무의 감독

감독업무의 확고한 추진

상무위원회는 "12 · 5" 계획 강령의 추진을 단단히 중심에 놓고 순조롭게 실시하여, 감독 업무를 계속 강화하고 개선하며, 민생에 더욱 접근하고, 확실한 효과를 얻었다.

재정 예산에 대한 감독을 강화하다.

법에 따라 계획 · 예산 집행 상황 보고와 중앙정부 결산 보고, 회계 감사 업무 보고를 청취하여 심의하고, 2010년 중앙정부 결산을 심사하여 비준하고, 또한 지방정부성 채무 위험의 방비와 완벽한 현급의 기본 경제력 보장 체제의 수립 등을 선택하여 주제 조사·연구를 전개했다.

현재 지방정부성 채무의 규모가 비교적 크고 성장이 비교적 빠르며, 기채 · 융자가 충분히 규범화되지 못하고, 적지 않은 지역과 업종의 부채상환 능력이 허약하다 등의 문제에 직면하여, 많은 사람이 다음과 같이 강조한다. 즉 1)지방정부융자플랫폼회사를 신속히 청산해야 하고, 이미 형성된 지방정부성 채무에 대해 상황을 판별하고, 분류해서 처리하여, 지방정부성 채무의 위험을 점차 제거해야 한다.

2)예산법 · 담보법 등 법률 법규를 엄격히 집행하고, 지방정부의 담보 위반 행위를 방지하고 제지해야 하며, 지방정부성 채무의 수지는 예산에 편입하고, 동급 인민대표대회의 심사와 감독을 받아야 한다.

3)중앙정부 · 지방정부의 경제력과 직권이 서로 어울리는 재정체제를 완벽하게

만들고, 일반이전지급이 점유한 비중을 더욱 향상시키고, 기층정부의 공공 서비스 능력을 제고시켜야 한다.

법에 따라 주제 질문을 전개하고, 인민대표대회 감독 업무의 역량을 강화하였다. 작년에 우리는 보장성 주택 건설 · 교육 개혁 · 재정 결산 등 방면의 문제를 선택해서, 연석회의와 조별회의의 방식을 채택하여 주제 질문을 전개하였다. 상무위원회 구성원은 철저하게 조사 · 연구하고 정성스레 준비하며, 문제의 제기는 깊이와 예리함을 더욱 구비하고, 국무원 관련 부서의 책임자들은 의견을 겸허하게 청취하여, 질문을 실사구시적으로 응답했다. 중앙의 주요 대중매체는 현장 보도를 진행하여, 열성적인 사회 반향을 나타냈다. 요 몇 년의 실천을 통해, 주제 질문은 점차로 시스템화 · 규범화되었고, 관련 방면의 개선 작업을 강력히 추진했다. *

第三课

人民币流出的拓宽

第三课 人民币流出的拓宽

1. 원문

放宽对人民币流出限制。

去年8月，国家外汇管理局(外管局)出台政策，启动出口收入存放境外试点，业内解读其为资本项目渐进开放的试验之举。

近期，外管局决定，自今年元月1日起，在全国范围内实施《货物贸易出口收入存放境外管理暂行办法》及操作规程，主要包括：(1)对境内企业出口收入存放境外实行开户登记制度。境内企业符合出口收入来源且在境外有实际支付需求·近两年内未违反外汇管理规定等条件的，均可向所在地外汇局提出申请；(2)对境内企业出口收入存放境外实行规模管理。存放境外的规模，由境内企业根据实际需求向所在地外汇局提出，外汇局进行登记备案；(3)简化出口核销·联网核查等业务操作，实行企业事后报告制度；(4)对境内企业境外账户收支实施非现场监测，对异常情况实施现场核查。

此政策出台适应市场经济发展需要，是深化外汇管理体制改革·进一步推进贸易便利化的重大举措，既可平衡贸易项目下的资本流出入，又可切实便利境内企业进行跨境资本运作，支持境内企业“走出去”。对外经贸易企业而言，可降低外汇资本跨境划转费用及汇兑成本，也有助境内企业提高资金使用效率，降低境外融资成本，进一步增强国际竞争力。1月13日，央行发布新年1号公告《境外直接投资人民币结算试点管理办法》，规定凡获准开展境外直接投资的境内企业，均可以人民币进行境外直接投资。浙江温州成为首个开展个人境外直接投资试点。

출처: 中国现代国际关系研究院. 2011-11-23 http://www.cicir.ac.cn/chinese/newsView.aspx

2. 발음 dì sān kè rénmínbì liúchū de tuòkuān

fàngkuān duì rénmínbì liúchū xiànzhì。

qùnián bā yuè, guójiā wàihuì guǎnlǐjú (wàiguǎnjú) chūtái zhèngcè, qǐdòng chūkǒu shōurù cúnfàng jìngwài shìdiǎn, yènèi jiě dú qí wéi zīběn xiàngmù jiànjìn kāifàng de shìyàn zhī jǔ。

jìnqī, wàiguǎnjú juédìng, zì jīnnián yuányuè yīrì qǐ, zài quánguó fànwéi nèi shíshī《huòwù màoyì chūkǒu shōurù cúnfàng jìngwài guǎnlǐ zànxíng bànfǎ》jí cāozuò guīchéng, zhǔyào baōguā：(1)duì jìngnèi qǐyè chūkǒu shōurù cúnfàng jìngwài shíxíng kāihù dēngjì zhìdù。jìngnèi qǐyè fúhé chūkǒu shōurù láiyuán qiě zài jìngwài yǒu shíjì zhīfù xūqiú · jìn liǎng nián nèi wèi wéifǎn wàihuì guǎnlǐ guīdìng děng tiáojiàn de, jūnkě xiàng suǒzàidì wàiguǎnjú tíchū shēnqǐng；(2)duì jìngnèi qǐyè chūkǒu shōurù cúnfàng jìngwài shíxíng guīmó guǎnlǐ。cúnfàng jìngwài de guīmó, yóu jìngnèi qǐyè gēnjù shíjì xūqiú xiàng suǒzàidì wàihuìjú tíchū, wàihuìjú jìnxíng dēngjì bèiàn；(3)jiǎnhuà chūkǒu héxiāo · liánwǎng héchá děng yèwù cāozuò, shíxíng qǐyè shìhòu bàogào zhìdù ; (4)duì jìngnèi qǐyè jìngwài zhànghù shōuzhī shíshī fēi xiànchǎng jiāncè, duì yìcháng qíngkuàng shíshī xiànchǎng héchá。

cǐ zhèngcè chūtái shìyìng shìchǎng jīngjì fāzhǎn xūyào, shì shēnhuà wàihuì guǎnlǐ tǐzhì gǎigé · jìnyíbù tuījìn màoyì biànlìhuà de zhòngdà jǔcuò, jì kě pínghéng màoyì xiàngmù xià de zīběn liúchūrù, yòu kě qiēshí biànlì jìngnèi qǐyè jìnxíng kuàjìng zīběn yùnzuò, zhīchí jìngnèi qǐyè "zǒuchūqù" 。duì wàijīng màoyì qǐyè ér yán, kě jiàngdī wàihuì zīběn kuàjìng huàzhuǎn fèiyòng jí huìduì chéngběn, yě yǒuzhù jìngnèi qǐyè tígāo zījīn shǐyòng xiàolǜ, jiàngdī jìngwài róngzī chéngběn, jìnyíbù zēngqiáng guójì jìngzhēnglì。yī yuè shí sān rì, yāngháng fābù xīnnián yī hào gōnggào《jìngwài zhíjiē tóuzī rénmínbì jiésuàn shìdiǎn guǎnlǐ bànfǎ》, guīdìng fán huòzhǔn kāizhǎn jìngwài zhíjiē tóuzī de jìngnèi qǐyè, jūnkě yǐ rénmínbì jìnxíng jìngwài zhíjiē tóuzī。zhèjiāng wēnzhōu chéngwéi shǒu ge kāizhǎn gèrén jìngwài zhíjiē tóuzī shìdiǎn。

3. 해설 인민폐 유출의 확장

1) 人民币流出的拓宽

rénmínbì liúchū de tuòkuān

인민폐 유출의 확장

人民币(rénmínbì)：명 런민비. 인민폐.
〔중국의 법정 화폐로, 元(yuan)을 기본 단위로 함〕

流出(liúchū)：동 흘러나오다. 흐르다. 유출하다. → 유출.

拓宽(tuòkuān)：확장하다. → 확장. 1-9.

2) 放宽对人民币流出限制。

fàngkuān duì rénmínbì liúchū xiànzhì。

인민폐의 유출에 대한 제한을 완화하다.

放宽(fàngkuān)：동 완화하다. 느슨하게 하다. 늦추다.

对(duì)：…에 대한. 1-4.

限制(xiànzhì)：1. 동 제한하다. 한정하다. 속박하다. 구속하다. 규제하다.
2. 명 제한. 한정. 한계. 속박. 제약. 규정된 범위.

3) 去年8月，国家外汇管理局(外管局)出台政策，启动出口收入存放境外试点，业内解读其为资本项目渐进开放的试验之举。

qùnián bā yuè, guójiā wàihuì guǎnlǐjú (wàiguǎnjú) chūtái zhèngcè, qǐdòng chūkǒu shōurù cúnfàng jìngwài shìdiǎn, yènèi jiědú qí wéi zīběn xiàngmù jiànjìn kāifàng de shìyàn zhī jǔ。

작년 8월, 국가외환관리국(외관국)이 정책을 제기하여, 수출 소득의 역외 예금 시범 시행을 시작하자, 업계에서는 이를 자본계정이 점차 개방되는 시험의 행위로 해석했다.

※ 시제 표현: 본 기사는 과거 사실을 서술하기 때문에, 과거형 시제를 사용함.

去年(qùnián) : 작년. 2-9.

国家(guójiā) : 국가. 1-6.

外汇(wàihuì) : 명 외화. 외환.

管理(guǎnlǐ) : 1. 동 보관하고 처리하다. 관리하다. 관할하다. → 관리.
2. 동 (어떤 일을) 맡아서 처리하다. 관리하다.
3. 동 (사람이나 동물을) 돌보다. 관리하다.

局(jú) : 명 국. 〔행정 조직 중 하나로, 부(部)보다는 작고 처(处)보다는 큼〕

国家外汇管理局(guójiā wàihuì guǎnlǐjú) : 국가외환관리국. 약칭 外管局 (wàiguǎnjú, 외관국), 外汇局(wàihuìjú, 외환국).

出台(chūtái) : 제기하다. 제시하다. 1-4.

政策(zhèngcè) : 정책. 1-3.

启动(qǐdòng) : 개시하다. 시작하다. 시행하다. 1-3.

出口(chūkǒu) : 1. 동 말을 꺼내다. 말을 하다.
2. 동 수출하다. → 수출.
3. 명 출구.

收入(shōurù) : 1. 명 수입. 소득.
2. 동 받다. 받아들이다. 수록하다. 포함하다.

存放(cúnfàng) : 1. 동 맡기다. 보관해 두다. → 예금.
2. 동 내버려 두다. 놓아 두다.
3. 동 예금하고 대출하다. → 예금 · 대출.

境外(jìngwài) : 명 경외. 국외. 나라 밖. 해외. 역외.

试点(shìdiǎn) : 1. 명 시험적으로 해 보는 곳. 시범 장소. → 시범지구.

2. 동 시험적으로 해 보다. 시행하다. → 시범 시행.

试点单位(shìdiǎn dānwèi) : 시행 부처.

试点研究(shìdiǎn yánjiū) : 예비 조사.

试点项目(shìdiǎn xiàngmù) : 시범 사업. 예비 계획. 파일럿 프로젝트.

出口收入存放境外试点 : 수출 소득의 역외 예금 시범 시행.

业内(yènèi) : 명 업계 내. 업무 범위 내.

解读(jiědú) : 1. 동 해독하다. → 해석하다.

2. 동 분석하다. 연구하다.

3. 동 이해하다. 체득하다.

解读其为(jiědú qí wéi) : 이를〔그것을〕 …으로 해석하다.

资本(zīběn) : 자본. 1-4.

项目(xiàngmù) : 1. 명 항목. 종목. 사항.

2. 명 과제. 프로젝트. 사업.

资本项目(zīběn xiàngmù) : 자본계정. 자본항목. 자본계좌. 자본감정.

달리 资本和金融账户(zīběn hé jīnróng zhànghù)라고도 부르고, 영문은 Capital and Financial Account라고 부르며, 자본의 수출과 수입을 의미함.

渐进(jiànjìn) : 동 점차적으로 발전하다. 점진하다. → 점진적으로.

开放(kāifàng) : 개방하다. 1-1.

试验(shìyàn) : 1. 동 시험하다. 실험하다. 테스트하다.

2. 명 시험.

举(jǔ) : 1. 명 동작. 행위. 거동.

2. 동 들다. 들어올리다. 위로 받치다. 위로 펼치다.

3. 동 일으키다. 일어나다.

4. 동 추천하다. 선발하다.

试验之举(shìyàn zhī jǔ) : 시험〔실험〕의 행위〔거동〕.

4) 近期，外管局决定，自今年元月1日起，在全国范围内实施《货物贸易出口收入存放境外管理暂行办法》及操作规程，

jìnqī, wàiguǎnjú juédìng, zì jīnnián yuányuè yīrì qǐ, zài quánguó fànwéi nèi shíshī 《huòwù màoyì chūkǒu shōurù cúnfàng jìngwài guǎnlǐ zànxíng bànfǎ》 jí cāozuò guīchéng,

최근 외관국은, 금년 1월 1일부터 전국 범위에서 〈화물 무역 수출 소득의 역외 예금 관리의 잠정 조치〉와 취급 규정을 실시한다고 결정했고,

近期(jìnqī) : 명 가까운 시기〔기일 · 장래〕. 최근.

决定(juédìng) : 1. 동 결정〔결심 · 결의 · 의결〕하다.
2. 동 규정 · 좌우하다.
3. 명 결정. 결정 사항.
4. 부 결코. 절대로. 반드시. 기필코. 꼭.

自(zì) : 1. 개 …에서부터. …에서 시작하여. 〔从 · 由에 상당함〕
2. 대 자기. 자신.
3. 부 자연히. 당연히.
4. 몸소. 친히. 스스로.

今年(jīnnián) : 명 올해. 금년.

元月(yuányuè) : 1. 명 음력 정월.
2. 명 양력 1월.

起(qǐ) : 1. 동 시작하다.
2. 동 (누웠다가) 일어나 앉다. (앉았다가) 일어서다.
3. 동 상승하다. 올라가다.
4. 동 세우다. 창립하다.
5. 동 일으키다. 발생하다. 생기다.

自(zì)…起(qǐ) : …로부터 시작하다. …부터.

在(zài) : …에(서). 1-3.

全国(quánguó) : 명 전국. 나라 전체.

范围(fànwéi) : 1. 명 범위.
2. 동 제한하다. 개괄하다.

内(nèi) : 1. 명 안. 안쪽. 속. 내부.
2. 명 남에게 아내나 처가 쪽 친척에 대한 호칭.
3. 명 마음속.

在…内：…(안)에서.

实施(shíshī)：실시하다. 1-4.

货物(huòwù)：명 물품. 상품. 화물.

贸易(màoyì)：명 무역. 교역. 매매. 거래. 통상.

暂行(zànxíng)：동 임시로〔잠정적으로 · 일시적으로〕 시행하다. → 임시 시행.

办法(bànfǎ)：명 방법. 수단. 방식. 조치. 방책. 술책.

暂行办法(zànxíng bànfǎ)：잠정 방법. 잠정 조치.

及(jí)：1. 접 및. …와〔과〕. 〔병렬 관계를 나타냄〕
2. 동 도달하다. 이르다. 미치다.
3. 동 대등하다. 필적하다. 비할 수 있다. 〔주로 부정형으로 쓰임〕

操作(cāozuò)：1. 동 조작하다. 다루다. → 취급하다. 취급.
2. 동 일하다. 노동하다.

规程(guīchéng)：명 규정. 준칙. 규칙.

操作规程(cāozuò guīchéng)：조작 규정. 조작 규칙. → 취급 규정.

5) 主要包括：(1)对境内企业出口收入存放境外实行开户登记制度。境内企业符合出口收入来源且在境外有实际支付需求·近两年内未违反外汇管理规定等条件的，均可向所在地外汇局提出申请；

zhǔyào baōguā：(1)duì jìngnèi qǐyè chūkǒu shōurù cúnfàng jìngwài shíxíng kāihù dēngjì zhìdù。jìngnèi qǐyè fúhé chūkǒu shōurù láiyuán qiě zài jìngwài yǒu shíjì zhīfù xūqiú · jìn liǎng nián nèi wèi wéifǎn wàihuì guǎnlǐ guīdìng děng tiáojiàn de, jūnkě xiàng suǒzàidì wàiguǎnjú tíchū shēnqǐng；

그 주요 내용은 다음과 같다. (1)국내 기업의 수출 소득의 역외 예금에 대해 계좌개설 등록 제도를 실행한다. 국내 기업이 수출의 수입원에 부합하고 게다가 역외에서 실제 지불 수요가 있으며 그리고 최근 2년 동안에 외환 관리 규정 등 조건을 아직 위반하지 않은 것(기업)은, 모두 소재지 외환국에 (계좌개설 등록) 신청을 할 수 있다.

A) 主要包括：(1)对境内企业出口收入存放境外实行开户登记制度。

zhǔyào baōguā：(1)duì jìngnèi qǐyè chūkǒu shōurù cúnfàng jìngwài shíxíng kāihù dēngjì zhìdù。

그 주요 내용은 다음과 같다. (1)국내 기업의 수출 소득의 역외 예금에 대해 계좌개설 등록 제도를 실행한다.

主要(zhǔyào) : 주요한. → 주로. 2-11.
包括(baōkuō) : 통 포함하다. 포괄하다.
主要包括… : 주로 …를 포함하다. → 주요 내용은 …이다. 주요 내용은 다음과 같다.
境内(jìngnèi) : 명 국내. 경내. 나라 안.
企业(qǐyè) : 기업. 1-6.
实行(shíxíng) : 통 실행하다.
开户(kāihù) : 통 (은행이나 증권 거래소의) 계좌를 개설하다. → 계좌개설.
登记(dēngjì) : 통 등기하다. 등록하다. 기입하다. 기재하다. → 등록.
制度(zhìdù) : 1. 명 제도.
2. 명 규칙. 규정.

B) 境内企业符合出口收入来源且在境外有实际支付需求·近两年内未违反外汇管理规定等条件的，均可向所在地外汇局提出申请；

jìngnèi qǐyè fúhé chūkǒu shōurù láiyuán qiě zài jìngwài yǒu shíjì zhīfù xūqiú · jìn liǎng nián nèi wèi wéifǎn wàihuì guǎnlǐ guīdìng děng tiáojiàn de, jūnkě xiàng suǒzàidì wàiguǎnjú tíchū shēnqǐng ;

국내 기업이 수출의 수입원에 부합하고 게다가 역외에서 실제 지불 수요가 있으며 그리고 최근 2년 동안에 외환 관리 규정 등 조건을 아직 위반하지 않은 것(기업)은, 모두 소재지 외환국에 (계좌개설 등록) 신청을 할 수 있다.

符合(fúhé) : 통 부합〔상합〕하다. (들어)맞다. 일치하다.
来源(láiyuán) : 1. 명 (사물의) 내원. 근원. 출처. 원산지. 생산지.
2. 통 (사물이) 기원하다. 유래하다. 〔뒤에 주로 于가 따라옴〕
收入来源(shōurù láiyuán) : 수입원. 원천소득.
且(qiě) : 또한, 게다가, 더욱이, 2-6.
有(yǒu) : (가지고) 있다. 1-5.
实际(shíjì) : 1. 명 실제.
2. 형 실제에 부합되다. 현실적이다.
3. 형 실제적이다. 구체적이다.
支付(zhīfù) : 지불하다. → 지불. 2-8.
需求(xūqiú) : 명 수요. 필요.
顿号(dùnhào) : 명 모점. 〔 · 로 표시하며, 문장 중에서 병렬 관계를 나타냄〕

近(jìn) : 1. 형 (공간적 · 시간적 거리가) 가깝다. 짧다.
2. 형 (관계가) 가깝다. 밀접하다. 친하다.
3. 동 가까이 가다. 다가가다. 접근하다.
近两年内 : 가까운 2년 안에. → 최근 2년 동안.
未(wèi) : 1. 부 아직 …하지 않다.
2. 부 …이〔가〕 아니다. 〔부정을 나타냄〕
3. 명 미. 〔지지(地支)의 여덟 번째〕
违反(wéifǎn) : 동 (법률 · 규정 따위를) 위반하다. 위배하다. 범하다. 어기다.
规定(guīdìng) : 1. 동 규정하다. 정하다.
2. 명 규정. 규칙.
等(děng) : 등. 따위. 1-4.
条件(tiáojiàn) : 명 조건. 기준. 표준.
的(de) : 1. 앞에서 언급한 사람이나 사물을 대신함.
2. 조 중심어가 없는 '的'자 구조를 이루어 명사로 만듦.
3. 조 평서문 끝에 쓰여 긍정의 어기를 나타냄.
均可(jūnkě) : 동 모두 …해도 좋다. 전부 …해도 가능하다. 모두 …할 수 있다.
向(xiàng) : 1. 개 …(으)로. …에게. …을〔를〕 향하여.
2. 명 방향.
3. 동 두둔하다. 역성들다. 거들다. 감싸다. 편들다. 편애하다.
4. 동 …을〔를〕 향해 있다. …(으)로〔을 · 를〕 향하다.
所在地(suǒzàidì) : 명 (사람 · 사물의) 소재지.
提出(tíchū) : 제출하다. 신청하다. 2-10.
申请(shēnqǐng) : 동 신청하다. → 신청.
提出申请 : 신청을 제출하다. → 신청하다.

6) (2)对境内企业出口收入存放境外实行规模管理。存放境外的规模，由境内企业根据实际需求向所在地外汇局提出，外汇局进行登记备案；

(2)duì jìngnèi qǐyè chūkǒu shōurù cúnfàng jìngwài shíxíng guīmó guǎnlǐ。cúnfàng jìngwài de guīmó, yóu jìngnèi qǐyè gēnjù shíjì xūqiú xiàng suǒzàidì wàihuìjú tíchū, wàihuìjú jìnxíng dēngjì bèiàn;

(2)국내 기업의 수출 소득의 역외 예금에 대해 규모의 관리를 실행한다. 역외 예금의 규모는 국내 기업이 실제 수요에 근거하여 소재지 외환국에 신청하고, 외환국은 서류를 등록 · 접수한다.

A) (2)对境内企业出口收入存放境外实行规模管理。

(2)duì jìngnèi qǐyè chūkǒu shōurù cúnfàng jìngwài shíxíng guīmó guǎnlǐ。

(2)국내 기업의 수출 소득의 역외 예금에 대해 규모의 관리를 실행한다.

规模(guīmó) : 규모. 범위. 2-6.

B) 存放境外的规模，由境内企业根据实际需求向所在地外汇局提出，外汇局进行登记备案；

cúnfàng jìngwài de guīmó, yóu jìngnèi qǐyè gēnjù shíjì xūqiú xiàng suǒzàidì wàihuìjú tíchū, wàihuìjú jìnxíng dēngjì bèiàn ;

역외 예금의 규모는 국내 기업이 실제 수요에 근거하여 소재지 외환국에 신청하고, 외환국은 서류를 등록 · 접수한다.

由(yóu) : 1. 개 …이〔가〕. …에서. …(으)로부터. 〔동작의 주체를 이끌어 냄〕
2. 개 …(으)로부터. …을 통하여. 〔경과 노선 · 장소를 이끌어 냄〕
3. 개 …에서(부터). 〔동작의 기점이나 변화의 출처를 이끌어 냄〕
4. 개 …(으)로부터. …에 의해. 〔근거의 대상을 이끌어 냄〕
5. 개 …로 인하여. …로 말미암아. …를 통하여. 〔원인을 이끌어 냄〕
6. 명 유래. 원인. 까닭. 이유.
7. 동 경과하다. 경유하다. 지나다.
8. 동 따르다.

根据(gēnjù) : 1. 개 …에 의거〔근거〕하여. 〔동작 행위의 근거를 이끌어들임〕
2. 명 근거.
3. 동 근거하다. 의거하다. 따르다.

进行(jìnxíng) : 진행하다. 2-11.

备案(bèiàn) : 동 (문건 등을) 기록해 두다. 등록하다. 문건을 만들어 두다.

备案编号(bèiàn biānhào) : 등록 번호.

备案事项(bèiàn shìxiàng) : 기록 사항.

登记备案(dēngjì bèiàn) : 서류를 등록 · 접수시키다.

通知备案(tōngzhībèiàn) : 통지하고 등록해 두다.

进行登记备案 : 서류의 등록 · 접수를 진행하다. → 서류를 등록 · 접수하다.

7) (3)简化出口核销·联网核查等业务操作，实行企业事后报告制度；

(3)jiǎnhuà chūkǒu héxiāo · liánwǎng héchá děng yèwù cāozuò, shíxíng qǐyè shìhòu bàogào zhìdù ;

(3)수출 청산 · 온라인 검사 등 업무 취급을 단순화하고, 기업의 사후 보고 제도를 실행한다.

简化(jiǎnhuà) : 동 간소화하다. 간략하게 만들다. 단순화하다.

核销(héxiāo) : 동 자세히 심사한 후 장부에서 삭제하다. → 청산.

联网(liánwǎng) : 동 (통신 · 컴퓨터 등에서) 네트워킹하다. → 온라인.

物联网(wù liánwǎng) : 사물인터넷. 사물지능통신.

联网汇款(liánwǎng huìkuǎn) : 온라인송금.

核查(héchá) : 동 대조 검사하다. 심의하다. 검증하다. 조사 검토하다.

业务(yèwù) : 명 업무.

事后(shìhòu) : 1. 명 사후. 일이 벌어진 후.
2. 명 사후. 일이 끝난 뒤. 일이 처리된 후.

报告(bàogào) : 보고. 보고하다. 2-5.

8) (4)对境内企业境外账户收支实施非现场监测，对异常情况实施现场核查。

(4)duì jìngnèi qǐyè jìngwài zhànghù shōuzhī shíshī fēi xiànchǎng jiāncè, duì yìcháng qíngkuàng shíshī xiànchǎng héchá。

(4)국내 기업의 역외 계좌 수지에 대해 원격 감시를 실시하고, 이상 상황에 대해 현장 검사를 실시한다.

账户(zhànghù) : 1. 명 계정 과목. 수입 지출의 명세.
2. 명 (계정) 계좌.

收支(shōuzhī) : 수지. 2-7.

非(fēi) : 1. 동 …이〔가〕 아니다. 〔不是에 상당하며, 부정적인 판단을 표시함〕
2. 동 …에 맞지 않다. 위배하다.
3. 동 그르다고 여기다. 옳지 않다고 여기다. 반대하다. 비난하다.

现场(xiànchǎng) : 현장. 현지. 2-11.

监测(jiāncè) : 동 감시하고 검측하다. 검사하다. 모니터링하다.

非现场监测(fēi xiànchǎng jiāncè) : 원격 감시.

异常(yìcháng) : 1. 형 심상치 않다. 예사롭지 않다. 정상이〔보통이〕 아니다.
2. 부 특히. 대단히. 몹시.

情况(qíngkuàng) : 상황. 정황. 2-5.

9) 此政策出台适应市场经济发展需要，是深化外汇管理体制改革・进一步推进贸易便利化的重大举措，既可平衡贸易项目下的资本流出入，又可切实便利境内企业进行跨境资本运作，支持境内企业“走出去”。

cǐ zhèngcè chūtái shìyìng shìchǎng jīngjì fāzhǎn xūyào, shì shēnhuà wàihuì guǎnlǐ tǐzhì gǎigé · jìnyíbù tuījìn màoyì biànlìhuà de zhòngdà jǔcuò, jì kě pínghéng màoyì xiàngmù xià de zīběn liúchūrù, yòu kě qiēshí biànlì jìngnèi qǐyè jìnxíng kuàjìng zīběn yùnzuò, zhīchí jìngnèi qǐyè “zǒuchūqù”。

이 정책의 제기는 시장경제 발전의 필요에 적응하고, 외환관리체제의 개혁을 심화시키고 무역의 편리화를 더욱 추진하는 중대한 조치이며, 무역계정하의 자본 유출・유입을 균형되게 할 수 있을 뿐만 아니라, 또한 국내 기업의 국제적 자본의 운용을 실제적으로 편리하게 하고, 국내 기업의 “세계화 전략”을 지지할 수도 있다.

A) 此政策出台适应市场经济发展需要，是深化外汇管理体制改革・进一步推进贸易便利化的重大举措，

cǐ zhèngcè chūtái shìyìng shìchǎng jīngjì fāzhǎn xūyào, shì shēnhuà wàihuì guǎnlǐ tǐzhì gǎigé · jìnyíbù tuījìn màoyì biànlìhuà de zhòngdà jǔcuò,

이 정책의 제기는 시장경제 발전의 필요에 적응하고, 외환관리체제의 개혁을 심화시키고 무역의 편리화를 더욱 추진하는 중대한 조치이며,

此(cǐ) : 1. 대 이. 이것. 〔가까운 것을 가리킴〕
2. 대 이렇게.
3. 대 이 때. 이 곳.

适应(shìyìng) : 동 적응하다.

市场(shìchǎng) : 1. 명 시장. 〔상품을 거래하는 장소〕
2. 명 시장. 〔상품의 유통 영역〕
3. 명 상품의 판로.

经济(jīngjì) : 경제. 1-8.

发展(fāzhǎn) : 발전. 1-6.

需要(xūyào) : 1. 동 필요하다. 요구되다. → 필요.
2. 명 (사물에 대한) 욕망. 요구. 욕구.

深化(shēnhuà) : 1. 동 심화시키다. 더욱 깊은 단계로 발전시키다.
2. 동 심화되다. → 심화.

体制(tǐzhì) : 체제. 2-8.

改革(gǎigé) : 개혁. 2-9.

进一步(jìnyíbù) : 더욱. 1-9.

推进(tuījìn) : 추진하다. 1-6.

便利(biànlì) : 1. 형 편리하다.
2. 동 편리하게 하다.

便利化(biànlìhuà) : 편리화.

重大(zhòngdà) : 형 중대하다. 무겁고 크다.

举措(jǔcuò) : 명 거동. 조치.

B) 既可平衡贸易项目下的资本流出入，又可切实便利境内企业进行跨境资本运作，支持境内企业“走出去”。

jì kě pínghéng màoyì xiàngmù xià de zīběn liúchūrù, yòu kě qiēshí biànlì jìngnèi qǐyè jìnxíng kuàjìng zīběn yùnzuò, zhīchí jìngnèi qǐyè “zǒuchūqù”。

무역계정하의 자본 유출 · 유입을 균형되게 할 수 있을 뿐만 아니라, 또한 국내 기업의 국제적 자본 운용의 진행을 실제적으로 편리하게 하고, 국내 기업의 “세계화 전략”을 지지할 수도 있다.

既(jì) : 1. 접 …할 뿐만 아니라. …이며. …뿐더러. …하고도. 〔又 · 且 · 也 등과 결합하여 두 개의 상황이 동시에 존재함을 나타냄〕
2. 접 (이왕) …한 바에는. (기왕) …한 이상은. 〔就 · 则 · 那么와 호응함〕
3. 부 이미. 벌써.

既(jì)…, 又(yòu)… : …할 뿐만 아니라〔…하고도〕, 또한 …하다〔…이다〕.

可(kě) : 1. 동 받아들이다. 동의하다. 〔동의를 나타냄〕
2. 동 …해도 좋다. …할 수 있다. 〔허가 또는 가능을 나타냄〕
3. 동 …할 만하다.

※ 可의 용법: 부사 又와 조동사 可는 본동사 切实便利와 支持에 연결되어 있어, 번역할 때는 支持의 뒤에서 사용됨. 그래서 '또한 …편리하게 하고, …지지할 수도 있다.'이다.

平衡(pínghéng) : 1. 형 (무게가) 균형이 맞다. 균형잡히다. 평형하다.
2. 동 균형〔평형〕되게 하다. 균형 있게 하다. 균형을 잡다.
3. 명 평형.

流入(liúrù) : 동 유입하다. 흘러들다. 흘러 들어가다. → 유입.

流出入(liúchūrù) : 유출 · 유입.

切实(qiēshí) : 1. 형 실제적이다. 적합〔적절〕하다. 확실하다. → 실제적으로.
2. 형 착실하다. 성실하다. 진실하다.

跨境(kuàjìng) : 형 국경을 넘는. 크로스 보더(cross-border). 국제적. 초국적.

运作(yùnzuò) : 동 (기구 · 조직 등이) 활동하다. 운행하다. 운영하다.

境内企业进行跨境资本运作 : 국내 기업이 국제적 자본의 운영을 진행하다.
→ 국내 기업의 국제적 자본 운영의 진행.

支持(zhīchí) : 1. 동 지지하다.
2. 동 견디다. 지탱하다.

走出去(zǒuchūqù) : 걸어나가다.

走出去战略(zǒuchūqù zhànlüè) : 1. 중국 정부에서 추진하는 '세계화 전략'.
2. 출구 전략.

10) 对外经贸易企业而言，可降低外汇资本跨境划转费用及汇兑成本，也有助境内企业提高资金使用效率，降低境外融资成本，进一步增强国际竞争力。

duì wàijīng màoyì qǐyè ér yán, kě jiàngdī wàihuì zīběn kuàjìng huàzhuǎn fèiyòng jí huìduì chéngběn, yě yǒuzhù jìngnèi qǐyè tígāo zījīn shǐyòng xiàolǜ, jiàngdī jìngwài róngzī chéngběn, jìnyíbù zēngqiáng guójì jìngzhēnglì。

대외경제 무역 기업에 대해 말하자면, 외환 자본의 국제적 대체조달의 비용과 환어음의 원가를 인하할 수 있고, 또한 국내 기업이 자금 사용의 효율을 향상시키고, 역외 융자의 비용을 인하하고, 국제 경쟁력을 더욱 증강시키는 데 도움이 된다.

外经(wàijīng)：명 对外经济(duìwài jīngjì，대외경제)의 약칭.

而(ér)：1. 접 …(하)고(도). 그리고. 〔전후관계가 순접을 나타냄〕
2. 접 …지만. …나. …면서. 그러나. 〔전후관계가 전환〔역접〕을 나타냄〕
3. 접 긍정과 부정으로 서로 보충하는 성분을 접속시킴.
4. 접 목적 또는 원인을 나타내는 부분을 접속시킴.

言(yán)：1. 명 말. 언어. 이야기.
2. 동 말하다. 이야기하다.

对…而言：…에 대해서 말하다〔말하자면〕.

降低(jiàngdī)：1. 동 내리다. 낮추다. 인하하다. 절하하다. 줄이다.
2. 동 내려가다.

划转(huàzhuǎn)：동 (…을) 대체조달하다. → 대체조달.

费用(fèiyòng)：명 비용. 지출.

汇兑(huìduì)：1. 명 환. 환어음.
2. 동 환으로 보내진 돈을 수취인에게 지불하다.

成本(chéngběn)：명 원가. 자본금.

也(yě)：1. 부 …도. 또한. 〔하나만 쓰여 같음을 나타냄〕
2. 부 중복 사용하여 두 사건의 병렬 혹은 대치를 강조함.
3. 부 전제나 가설이 어떠하든 결과는 모두 똑같음을 나타냄.
〔주로 앞 구의 虽然·即使와 호응함〕
4. 부 강조를 나타냄. 〔주로 앞 구의 连과 호응함〕

有助(yǒuzhù)：동 …에 도움이 되다. 有助于(yǒuzhùyú)….

提高(tígāo)：제고하다. 향상시키다. 1-5.

资金(zījīn)：명 자금. 기금.

使用(shǐyòng)：동 사용하다. 쓰다.

效率(xiàolǜ)：명 능률. 효율.

融资(róngzī)：융자. 2-6.

增强(zēngqiáng)：증강하다. 강화하다. 2-9.

国际(guójì)：1. 명 국제.
2. 형 국제의. 국제적인.

竞争力(jìngzhēnglì)：명 경쟁력.

11) 1月13日，央行发布新年1号公告《境外直接投资人民币结算试点管理办法》，规定凡获准开展境外直接投资的境内企业，均可以人民币进行境外直接投资。浙江温州成为首个开展个人境外直接投资试点。

yī yuè shí sān rì, yānghána fābù xīnnián yī hào gōnggào《jìngwài zhíjiē tóuzī rénmínbì jiésuàn shìdiǎn guǎnlǐ bànfǎ》, guīdìng fán huòzhǔn kāizhǎn jìngwài zhíjiē tóuzī de jìngnèi qǐyè, jūnkě yǐ rénmínbì jìnxíng jìngwài zhíjiē tóuzī。zhèjiāng wēnzhōu chéngwéi shǒu ge kāizhǎn gèrén jìngwài zhíjiē tóuzī shìdiǎn。

1월 13일, 중앙은행은 새해 1호 공고 〈역외 직접 투자 인민폐 결산 시범 시행의 관리 방법〉을 공포하고, 무릇 역외 직접 투자의 전개를 허가받은 국내 기업은 모두 인민폐로써 역외 직접 투자를 진행할 수 있다고 규정했다. 절강성 온주시가 개인의 역외 직접 투자를 전개하는 최초 시범지구가 되었다.

A) 1月13日，央行发布新年1号公告《境外直接投资人民币结算试点管理办法》，规定凡获准开展境外直接投资的境内企业，均可以人民币进行境外直接投资。

yī yuè shí sān rì, yānghána fābù xīnnián yī hào gōnggào《jìngwài zhíjiē tóuzī rénmínbì jiésuàn shìdiǎn guǎnlǐ bànfǎ》, guīdìng fán huòzhǔn kāizhǎn jìngwài zhíjiē tóuzī de jìngnèi qǐyè, jūnkě yǐ rénmínbì jìnxíng jìngwài zhíjiē tóuzī。

1월 13일, 중앙은행은 새해 1호 공고 〈역외 직접 투자 인민폐 결산 시범 시행의 관리 방법〉을 공포하고, 무릇 역외 직접 투자의 전개를 허가받은 국내 기업은 모두 인민폐로써 역외 직접 투자를 진행할 수 있다고 규정했다.

央行(yāngháng)：1. 중앙은행의 약칭.
2. 명 中国人民银行(zhōngguó rénmín yínháng, 중국인민은행)의 약칭.

发布(fābù)：동 (명령・지시・뉴스 등을) 선포하다. 발포하다. 발표하다.

新年(xīnnián)：명 신년. 새해.

号(hào)：1. 명 (~儿) 호. 〔일반적인 순서를 나타냄〕
2. 명 (~儿) (차례나 순번을 표시하는) 번호.

3. 명 (～儿) 호(수). 등급. 사이즈.

4. 명 이름. 명칭.

公告(gōnggào) : 1. 명 공고. 공포. 알림. 공시. 선언.

2. 동 공포하다. 공고하다.

直接(zhíjiē) : 형 직접적인. → 직접.

结算(jiésuàn) : 동 결산하다. → 결산.

凡(fán) : 1. 형 평범하다. 보통이다. 일반적이다. 예사롭다. 용속하다.

2. 부 모두. 도합. 통틀어. 전부.

3. 부 무릇. 대저. 대체로. 다. 모든. 모두 다.

获准(huòzhǔn) : 동 허가받다. 허가를 얻다. 비준을 얻다.

开展(kāizhǎn) : 전개되다〔하다〕. 확대시키다. 2-5.

投资(tóuzī) : 투자. 1-1.

获准开展境外直接投资的境内企业 : 역외 직접 투자를 전개하는 것을 허가받은 국내 기업. → 역외 직접 투자의 전개를 허가받은 국내 기업.

以(yǐ) : 1. 개 …(으)로(써). …을 가지고. …을 근거로.

2. 개 …에게 …을 주다. 〔주는 대상을 끌어들임〕

3. 개 …에 의해. …에 따라. …에 근거하여.

4. 개 …때문에. …까닭에. …로 인하여.

5. 접 …하여. …함으로써. …하기 위하여.

以人民币进行… : 인민폐로써 …을 진행하다.

B) 浙江温州成为首个开展个人境外直接投资试点。

zhèjiāng wēnzhōu chéngwéi shǒu ge kāizhǎn gèrén jìngwài zhíjiē tóuzī shìdiǎn。

절강성 온주시가 개인의 역외 직접 투자를 전개하는 최초 시범지구가 되었다.

浙江(zhèjiāng) : 명 저장(성). 절강(성). 〔浙(Zhe)로 약칭되며, 성도는 杭州임〕

温州(wēnzhōu) : 명 원저우. 온주. 절강성 온주시.

成为(chéngwéi) : …가 되다. …(으)로 되다. 1-5.

首(shǒu) : 1. 형 최초의. 처음의.
2. 명 머리.
3. 명 우두머리. 수령. 수반. 지도자.
4. 명 시작. 최초. 처음.
5. 형 제일의. 최고의.
6. 부 제일 먼저. 최초로

首个(shǒu ge) : 첫 번째의. 최초의. 처음의.

个人(gèrén) : 1. 명 개인.
2. 대 나 (자신). 저 (개인).

成为首个开展个人境外直接投资试点 : 개인의 역외 직접 투자를 전개하는 최초 시범지구가 되다. *

4. 번역 인민폐 유출의 확장

인민폐의 유출에 대한 제한을 완화하다.

작년 8월, 국가외환관리국(외관국)이 정책을 제기하여, 수출 소득의 역외 예금 시범 시행을 시작하자, 업계에서는 이를 자본계정이 점차 개방되는 시험의 행위로 해석했다.

최근 외관국은, 금년 1월 1일부터 전국 범위에서 〈화물 무역 수출 소득의 역외 예금 관리의 잠정 조치〉와 취급 규정을 실시한다고 결정했고, 그 주요 내용은 다음과 같다. (1)국내 기업의 수출 소득의 역외 예금에 대해 계좌개설 등록 제도를 실행한다. 국내 기업이 수출의 수입원에 부합하고 게다가 역외에서 실제 지불 수요가 있으며 그리고 최근 2년 동안에 외환 관리 규정 등 조건을 아직 위반하지 않은 것(기업)은, 모두 소재지 외환국에 (계좌개설 등록) 신청을 할 수 있다. (2)국내 기업의 수출 소득의 역외 예금에 대해 규모의 관리를 실행한다. 역외 예금의 규모는 국내 기업이 실제 수요에 근거하여 소재지 외환국에 신청하고, 외환국은 서류를 등록 · 접수한다. (3)수출 청산 · 온라인 검사 등 업무 취급을 단순화하고, 기업의 사후 보고 제도를 실행한다. (4)국내 기업의 역외 계좌 수지에 대해 원격 감시를 실시하고, 이상 상황에 대해 현장 검사를 실시한다.

이 정책의 제기는 시장경제 발전의 필요에 적응하고, 외환관리체제의 개혁을 심화시키고 무역의 편리화를 더욱 추진하는 중대한 조치이며, 무역계정하의 자본 유출·유입을 균형되게 할 수 있을 뿐만 아니라, 또한 국내 기업의 국제적 자본 운용의 진행을 실제적으로 편리하게 하고, 국내 기업의 "세계화 전략"을 지지할 수도 있다. 대외경제 무역 기업에 대해 말하자면, 외환 자본의 국제적 대체조달의 비용과 환어음의 원가를 인하할 수 있고, 또한 국내 기업이 자금 사용의 효율을 향상시키고, 역외 융자의 비용을 인하하고, 국제 경쟁력을 더욱 증강시키는 데 도움이 된다. 1월 13일, 중앙은행은 새해 1호 공고 〈역외 직접 투자 인민폐 결산 시범 시행의 관리 방법〉을 공포하고, 무릇 역외 직접 투자의 전개를 허가받은 국내 기업은 모두 인민폐로써 역외 직접 투자를 진행할 수 있다고 규정했다. 절강성 온주시가 개인의 역외 직접 투자를 전개하는 최초 시범지구가 되었다. *

第四课

国有企业改革的成就

第四课 国有企业改革的成就

1. 원문 国企效益好不是靠垄断

近年来，有一种观点认为，国有企业效益好主要是因为垄断，把国有企业与垄断等同起来。对此，国资委研究中心研究员许保利表示，事实上，我国国有企业多数处于有效竞争中。因为经过多年的改革开放，我国大部分行业已经形成竞争格局，包括国有资本比较集中的关系国民经济命脉的重要行业和领域，如钢铁·有色金属·化工·建材·建筑·机械制造，不论是进入门槛还是市场运营，都已形成充分竞争格局。从行业分布上看，90%以上的国企处于竞争性领域。

他特别选择了一些人认为垄断的石油石化行业·电力行业进行具

体分析。石油石化行业，市场集中度的确比较高，但绝不是没有竞争。成品油市场上，中国石油和中国石化两家公司实力接近，二者存在竞争。目前，BP · 壳牌等国际大型石油公司也已进入成品油零售市场，虽然占有的加油站份额还比较小，但进入的却是我国经济最发达 · 成品油需求量最大 · 利润最高的东部沿海省份。

电力行业，电网属于自然垅断行业，由非对称的两家企业经营。发电行业则处于激烈的竞争当中，5家央企占全部市场50%左右的份额，各地还有数量众多的地方国有电厂 · 民营电厂。即使是在行政垅断和自然垅断行业，国有企业也不存在通过垅断地位获取超额利润的垅断行为。成品油 · 天然气 · 电力价格都是政府定的。

출처: 人民日报. http://news.xinhuanet.com/fortune/2012-10/11/c_123808204.htm

2. 발음 dì sì kè guóyǒu qǐyè gǎigé de chéngjiù

guóqǐ xiàoyì hǎo búshì kào lǒngduàn

jìnniánlái, yǒu yìzhǒng guāndiǎn rènwéi, guóyǒu qǐyè xiàoyì hǎo zhǔyào shì yīnwèi lǒngduàn, bǎ guóyǒu qǐyè yǔ lǒngduàn děngtóng qǐlái。duì cǐ, guózīwěi yánjiū zhōngxīn yánjiūyuán Xǔ bǎolì biǎoshì, shìshíshang, wǒguó guóyǒu qǐyè duōshù chǔyú yǒuxiào jìngzhēng zhōng。yīnwèi jīngguò duōnián de gǎigé kāifàng, wǒguó dàbùfen hángyè yǐjīng xíngchéng jìngzhēng géjú, baōguā guóyǒu zīběn bǐjiào jízhōng de guānxi guómín jīngjì mìngmài de zhòngyào hángyè hé lǐngyù, rú gāngtiě · yǒusè jīnshǔ · huàgōng · jiàncái · jiànzhù · jīxiè zhìzào, búlùn shì jìnrù ménkǎn háishì shìchǎng yùnyíng, dōu yǐ xíngchéng chōngfèn jìngzhēng géjú。cóng hángyè fēnbù shang kàn, bǎifēnzhī jiǔshí yǐshàng de guóqǐ chǔyú jìngzhēngxìng lǐngyù。

tā tèbié xuǎnzéle yìxiē rén rènwéi lǒngduàn de shíyóu shíhuà hángyè · diànlì hángyè jìnxíng jùtǐ fēnxī。

shíyóu shíhuà hángyè, shìchǎng jízhōngdù díquè bǐjiào gāo, dàn jué búshì méiyǒu jìngzhēng。chéngpǐnyóu shìchǎng shang, zhōngguó shíyóu hé zhōngguó shíhuà liǎng jiā gōngsī shílì jiējìn, èrzhě cúnzài jìngzhēng。

mùqián, BP · qiàopái děng guójì dàxíng shíyóu gōngsī yě yǐ jìnrù chéngpǐnyóu língshòu shìchǎng, suīrán zhànyǒu de jiāyóuzhàn fèn`é hái bǐjiào xiǎo, dàn jìnrù de quèshì wǒguó jīngjì zuì fādá · chéngpǐnyóu xūqiúliàng zuìdà · lìrùn zuìgāo de dōngbù yánhaǐ shěngfèn。

diànlì hángyè, diànwǎng shǔyú zìrán lǒngduàn hángyè, yóu fēi duìchēn de liǎng jiā qǐyè jīngyíng。fādiàn hángyè zé chǔyú jīliè de jìngzhēng dāngzhōng, wǔ jiā yāngqǐ zhàn quánbù shìchǎng bǎifēnzhī wǔshí zuǒyòu de fèné, gèdì hái yǒu shùliàng zhòngduō de dìfāng guóyǒu diànchǎng · mínyíng diànchǎng。jíshǐ shì zài xíngzhèng lǒngduàn hé zìrán lǒngduàn hángyè, guóyǒu qǐyè yě bù cúnzài tōngguò lǒngduàn dìwèi huòqǔ chāo`é lìrùn de lǒngduàn xíngwéi。chéngpǐnyóu · tiānránqì · diànlì jiàgé dōu shì zhèngfǔ dìng de。

3. 해설 국유 기업 개혁의 성과

1) 国有企业改革的成就

guóyǒu qǐyè gǎigé de chéngjiù
국유 기업 개혁의 성과

国有(guóyǒu) : 국가의. 국가 소유의. 1-5.
企业(qǐyè) : 기업. 1-6.
国有企业(guóyǒu qǐyè) : 국유 기업.
改革(gǎigé) : 개혁(하다). 2-9.
成就(chéngjiù) : 1. 명 (사업상의) 성취. 성과. 업적.
2. 동 (주로 사업을) 완성하다. 이루다.

2) 国企效益好不是靠垄断

guóqǐ xiàoyì hǎo búshì kào lǒngduàn
국유 기업의 효과가 좋은 것은 독점에 의존한 것이 아니다.

国企(guóqǐ) : 国有企业(guóyǒu qǐyè)의 약칭. 국유 기업.
效益(xiàoyì) : 명 효과와 수익. 효익. 이익. 이득. 성과.
靠(kào) : 1. 동 기대다.
2. 동 (물건을) 기대어 두다. 기대어 세우다.
3. 동 접근하다. 다가서다. 닿다. 대다.
4. 동 의존하다. 의지하다. 의탁하다. 의거하다. …에 달려 있다.
5. 동 신뢰하다. 믿다. 믿을 수 있다.
垄断(lǒngduàn) : 1. 동 농단하다. 독점하다. 독차지하다. 마음대로 다루다.
2. 명 농단. 독점. 독차지.

3) 近年来，有一种观点认为，国有企业效益好主要是因为垄断，把国有企业与垄断等同起来。

jìnniánlái, yǒu yìzhǒng guāndiǎn rènwéi, guóyǒu qǐyè xiàoyì hǎo zhǔyào shì yīnwèi lǒngduàn, bǎ guóyǒu qǐyè yǔ lǒngduàn děngtóng qǐlái。

최근 몇 년간, 국유 기업의 효과가 좋은 것은 주로 독점 때문이고, 국유 기업을 독점과 동일시하려고 여기는 견해가 있다.

近年(jìnnián) : 명 근년. 최근 몇 년.

来(lái) : 명 …동안. …이래.

近年来(jìnniánlái) : 최근 몇 년간.

有(yǒu) : 있다. 어떤. 어느. 모. 웬. 1-5.

一种(yìzhǒng) : 한 가지(의). 한 종류(의).

观点(guāndiǎn) : 1. 명 관점. 견지. 견해.
2. 명 정치적 관점.

认为(rènwéi) : 동 여기다. 생각하다. 보다. 인정하다. 〔긍정적 어기를 내포함〕

有一种观点认为 : 1. (한 가지의) 관점〔견해〕이 있어 …라고 여기다.
2. …라고 여기는 (한 가지의) 관점〔견해〕이 있다.

主要(zhǔyào) : 주로. 대부분. 2-11.

因为(yīnwèi) : 1. 접 왜냐하면. 〔앞 단구에 쓰이며, 늘 *所以*와 호응하여 쓰임〕
2. 개 …때문에. …로 인하여. 〔원인을 이끌어 냄〕

把(bǎ) : 1. 개 …으로. …을 가지고.
2. 명 묶음. 다발. 단.
3. 양 번. 차례. 〔손동작에 쓰이고, 수사는 一에 한정됨〕
4. 명 손잡이. 핸들. 운전대.
5. 동 (손으로) 잡다. 쥐다.
6. 양 (～儿) 줌. 움큼.
7. 동 독점하다. 독판치다. 장악하다. 통제하다.
8. 양 자루. 〔손잡이 · 자루가 있는 기구를 셀 때 쓰임〕
9. 개 동작이 미치는 대상을〔목적어를〕 동사 앞으로 이끌어 냄. …을〔를〕.
10. 동 지키다. 파수를 보다.
11. 개 …하게 하다. …한 상황을 가져오다.
〔뒤의 동사는 대개 결과를 나타내는 보어를 가짐〕

与(yǔ)：…와〔과〕. 2-7.

等同(děngtóng)：[동] 동일시하다. 같이 보다.

与…等同：…와 동일시하다.

起来(qǐlái)：1. [동] 동사나 형용사 뒤에서, 어떤 동작이 시작되어 계속됨을 나타냄.
2. [동] 동사 뒤에서, 어림 짐작하거나 어떤 일에 대한 견해를 나타냄.
3. [동] (잠자리에서) 일어나다.
4. [동] 일어서다. 일어나 앉다.
5. [동] 흥기하다. 떨쳐 일어나다. 위로 날아 솟구치다.
6. [동] 동사 뒤에 쓰여, 위로 향함을 나타냄.
7. [동] 동사 뒤에서, 동작의 완성 혹은 일정한 목적의 달성을 나타냄.

4) 对此，国资委研究中心研究员许保利表示，事实上，我国国有企业多数处于有效竞争中。

duì cǐ, guózīwěi yánjiū zhōngxīn yánjiūyuán Xǔ bǎolì biǎoshì, shìshíshang, wǒguó guóyǒu qǐyè duōshù chǔyú yǒuxiào jìngzhēng zhōng。

이에 대해, 국자위 연구중심 연구원 쉬 바오리의 의견에 의하면, 사실 우리 나라의 국유 기업 여러 곳이 유효경쟁 속에 놓여 있다.

对(duì)：…에 대해(서). …에 대하여. 1-4.

此(cǐ)：이. 이것. 3-9.

对此(duì cǐ)：이에 대해.

国资委(guózīwěi)：国务院国有资产监督管理委员会(국무원 국유자산 감독 관리위원회)의 약칭으로, 국가를 대표하여 출자자의 직책을 이행하여, 국유자산의 관리 업무를 추진한다.

研究(yánjiū)：1. [동] (사물의 본질・규율 등을) 연구하다. 탐구하다.
2. [동] 고려하다. 생각하다. 논의하다. 협의 검토하다. 토의하다.

中心(zhōngxīn)：1. [명] 한가운데. 중심. 복판.
2. [명] 중심. 핵심. 사물의 주요 부분.
3. [명] 중심지. 중요 지역.
4. [명] 센터(center). 〔주로 기관의 명칭으로 씀〕

5. 명 심중. 마음(속). 내심.

研究中心(yánjiū zhōngxīn) : 연구센터.

研究员(yánjiūyuán) : 명 연구원.

许保利(Xǔ bǎolì) : Xu Baoli. 쉬 바오리. 〔사람 이름〕

表示(biǎoshì) : 1. 동 의미하다. 가리키다.

2. 동 (언행으로 사상 · 감정 등을) 나타내다. 표시하다. 표명하다.

3. 명 (사상 · 감정 등을 나타내는) 표정. 기색. 동작. 태도.

许保利表示 : 쉬 바오리는 …라고 (의견을) 나타내다(표명하다).

→ 쉬 바오리의 의견에 의하면.

事实上(shìshíshang) : 사실(상). 사실적으로.

多数(duōshù) : 명 다수.

处于(chǔyú) : 동 (사람 · 사물이 어떤 지위 · 상태 · 시간에) 처하다. 놓이다.

有效(yǒuxiào) : 형 유용하다. 유효하다. 효과가 있다. 효력이 있다.

竞争(jìngzhēng) : 동 경쟁하다. → 경쟁.

有效竞争(yǒuxiào jìngzhēng) : 유효경쟁(workable competition).

中(zhōng) : 1. 명 한가운데. 중심. 중앙. 복판.

2. 명 (위치의) 중간.

3. 명 (성질 · 등급의) 중간. 중급.

4. 명 안. 내부. 속.

5. 명 내심. 마음.

6. 명 …의 중에. …과정에. …의 가운데에. 〔동사나 동사구 뒤에 쓰여 동작이 지속 상태임을 나타냄. 동사앞에 주로 在가 있음〕

7. 명 (Zhong) 중국.

8. 형 어느 한쪽으로 치우치지 않다. 불편부당하다.

9. 동 적합하다. 알맞다. 적당하다.

中(zhòng) : 1. 동 맞추다. 들어맞다. 합격하다. 명중하다.

2. 동 받다. 입다. 당하다.

5) 因为经过多年的改革开放，我国大部分行业已经形成竞争格局，包括国有资本比较集中的关系国民经济命脉的重要行业和领域，如钢铁·有色金属·化工·建材·建筑·机械制造，不论是进入门槛还是市场运营，都已形成充分竞争格局。

yīnwèi jīngguò duōnián de gǎigé kāifàng, wǒguó dàbùfen hángyè yǐjīng xíngchéng jìngzhēng géjú, baōkuō guóyǒu zīběn bǐjiào jízhōng de guānxi guómín jīngjì mìngmài de zhòngyào hángyè hé lǐngyù, rú gāngtiě · yǒusè jīnshǔ · huàgōng · jiàncái · jiànzhù · jīxiè zhìzào, búlùn shì jìnrù ménkǎn háishì shìchǎng yùnyíng, dōu yǐ xíngchéng chōngfèn jìngzhēng géjú。

여러 해의 개혁개방을 거쳤기 때문에, 우리 나라의 대부분 업종은 이미 경쟁 구조를 형성했는데, 국유 자본이 비교적 집중된 국민 경제 명맥과 관련된 중요 업종과 중요 영역을 포함하여, 예로 강철 · 비철 금속 · 화학공업 · 건축 재료 · 건축 · 기계 제조는, 문턱을 들어서든 아니면 시장 운영이든지 간에, 모두 이미 충분한 경쟁 구조를 형성했다.

A) 因为经过多年的改革开放，

yīnwèi jīngguò duōnián de gǎigé kāifàng,
여러 해의 개혁개방을 거쳤기 때문에,

经过(jīngguò) : 1. 동 경유하다. 통과하다. 지나다. 거치다.
2. 동 (시간이) 걸리다. 흐르다. 경과하다. 계속 이어지다.
3. 동 (활동 · 사건을) 경험하다. 경과하다. 거치다. 겪다.

多年(duōnián) : 명 여러 해. 오랜 세월. 다년간.

改革(gǎigé) : 개혁. 개혁하다. 2-9

开放(kāifàng) : 개방. 개방하다. 1-1.

改革开放(gǎigé kāifàng) : 개혁개방.

B) 我国大部分行业已经形成竞争格局，

wǒguó dàbùfen hángyè yǐjīng xíngchéng jìngzhēng géjú,
우리 나라의 대부분 업종은 이미 경쟁 구조를 형성했는데,

大部分(dàbùfen) : 명 대부분.
行业(hángyè) : 업종. 직업. 직종. 2-6.
已经(yǐjīng) : 이미. 벌써. 1-4.
形成(xíngchéng) : (어떤 사물이나 기풍・국면 등이) 형성되다. 이루어지다. 2-6.
格局(géjú) : 명 짜임새. 구조. 구성. 골격. 패턴(pattern). 양식. 배치.

C) 包括国有资本比较集中的关系国民经济命脉的重要行业和领域,
baōkuō guóyǒu zīběn bǐjiào jízhōng de guānxi guómín jīngjì mìngmài de zhòngyào hángyè hé lǐngyù,
국유 자본이 비교적 집중된 국민 경제 명맥과 관련된 중요 업종과 중요 영역을 포함하여,

包括(baōkuō) : 포함하다. 포괄하다. 3-5.
国有(guóyǒu) : 국유의. 국가 소유의. 1-5.
资本(zīběn) : 자본. 자금. 밑천. 본전. 1-4.
国有资本(guóyǒu zīběn) : 국유 자본. 정부 자본.
比较(bǐjiào) : 1. 동 비교하다.
2. 부 비교적. 상대적으로.
3. 개 …에 비해. …보다.
集中(jízhōng) : 1. 동 집중하다. 모으다. 집중시키다. 집중되다.
2. 형 집중된. 전심전력의. 집결된. ↔ 分散(fēnsàn)
关系(guānxi) : 1. 동 관계하다. 관련하다. 〔주로 到와 이어 씀〕
2. 명 (사람과 사람 또는 사물 사이의) 관계. 연줄.
3. 명 (사물 사이의) 관계.
4. 명 (남녀 사이의 성애) 관계.
5. 명 (서로 관련된 것 사이의) 영향. 중요성.
〔没有(없다)・有(있다)와 이어 씀〕
6. 명 (원인・이유・조건 등을 나타내는) 관계.
〔주로 由于(…로 인하여)・因为(왜냐 하면) 등과 이어 씀〕
7. 명 (어떤 조직・단체에 대한) 관계 서류.
国民(guómín) : 명 국민.

经济(jīngjì) : 경제. 1-8.
国民经济(guómín jīngjì) : 명 국민 경제.
命脉(mìngmài) : 1. 명 명맥. 생명과 혈맥.
2. 명 중요한 부분.
重要(zhòngyào) : 형 중요하다.
领域(lǐngyù) : 영역. 분야. 1-4.

D) 如钢铁 · 有色金属 · 化工 · 建材 · 建筑 · 机械制造,
rú gāngtiě · yǒusè jīnshǔ · huàgōng · jiàncái · jiànzhù · jīxiè zhìzào,
예로 강철 · 비철 금속 · 화학공업 · 건축 재료 · 건축 · 기계 제조는,

如(rú) : 1. 동 예를 들면. 예컨대.
2. 동 …와 같다. …와 비슷하다.
3. 동 미치다. 필적하다. 대등하다.
4. 동 부합하다. 따르다.
5. 개 (…보다) 나아지다. 초과하다.
6. 개 …에 따라. …대로.
7. 접 만일. 만약.
钢铁(gāngtiě) : 1. 명 강과 철.
2. 명 강철.
3. 명 견고함. 강함. 굳셈.
有色(yǒusè) : 형 유색의. 어떤 색깔이 있는. 〔보통 흰색을 포함하지 않음〕
金属(jīnshǔ) : 명 금속.
有色金属(yǒusè jīnshǔ) : 명 비철 금속.
化工(huàgōng) : 명 화학공업.
建材(jiàncái) : 명 건축 재료.
建筑(jiànzhù) : 1. 명 건축. 건축물.
2. 동 세우다. 건축하다. 건설하다. 부설하다. 축조하다. 설치하다.
3. 동 구성하다. 형성하다. 이루다. 만들다. 〔추상적인 사물에 쓰임〕
机械(jīxiè) : 1. 명 기계. 기계 장치.

2. 형 기계적이다. 융통성이 없다. 판에 박은 듯하다. 고지식하다.

制造(zhìzào) : 제조(하다). 만들다. 조성하다. 조장하다. 1-4.

E) 不论是进入门槛还是市场运营，都已形成充分竞争格局。

búlùn shì jìnrù ménkǎn háishì shìchǎng yùnyíng, dōu yǐ xíngchéng chōngfèn jìngzhēng géjú。

문턱을 들어서든 아니면 시장 운영이든지 간에, 모두 이미 충분한 경쟁 구조를 형성했다.

不论(búlùn) : 1. 접 …을 막론하고. …이든 간에. …든지.
〔뒤에 주로 都・总 등이 호응하여 쓰임〕
2. 동 논하지 않다. 문제삼지 않다. 따지지 않다.

还是(háishì) : 1. 접 …든. …도. …뿐만 아니라.
〔无论・不管・不论의 뒤에서, 뒷글의 都와 함께 쓰여, 예를 든 범위 안에서는 모두 그러함을 나타냄〕
2. 접 또는. 아니면.
〔흔히 是와 호응하여 의문문에 쓰여, 선택을 나타냄〕
3. 부 여전히. 아직도. 변함없이. 원래대로. 그래도. 끝내. 역시.
4. 부 …하는 편이 (더) 좋다.
〔문장에 주로 상의나 희망의 어감이 담겨 있음〕
5. 부 의외로. 뜻밖에.

进入(jìnrù) : 동 (어떤 시기・어떤 상태・어떤 범위에) 들다〔진입하다〕.

门槛(ménkǎn) : 1. 명 (～儿) 문지방. 문턱.
2. 명 (문제를 해결할) 방법. 비결. 요령.
3. 명 솜씨. 수완. 실력.

市场(shìchǎng) : 시장. 3-9.

运营(yùnyíng) : 1. 동 (차・배 등을) 운영하다.
2. 동 (기구 등을) 운영하다. → 운영.

都(dōu) : 1. 부 모두. 다. 전부. 〔일반적으로 총괄하는 내용 앞에 쓰임〕
2. 부 이미. 벌써.
3. 부 심지어. …조차도.

已(yǐ)：이미. 벌써. 나중에. 이후에. 2-6.

形成(xíngchéng)：형성되다. 이루어지다. 2-6.

充分(chōngfèn)：1. 형 충분하다. 〔주로 추상적 사물에 쓰임〕

2. 부 힘껏. 십분. 충분히.

6) 从行业分布上看，90%以上的国企处于竞争性领域。

cóng hángyè fēnbù shang kàn, bǎifēnzhī jiǔshí yǐshàng de guóqǐ chǔyú jìngzhēngxìng lǐngyù。

업종 분포에서 보면, 90% 이상의 국유 기업이 경쟁적 영역에 놓여 있다.

从(cóng)： 1. 개 …부터. …을 기점으로.

2. 개 …을. 〔장소를 나타내는 말 앞에 쓰여 경과함을 나타냄〕

3. 개 …에 의거하여. 〔동작 · 행위를 유발하는 근거를 나타냄〕

4. 동 따르다. 좇다.

5. 동 순종하다. 말을 듣다.

6. 동 참가하다. 종사하다. 뛰어들다.

7. 동 …하도록 하다. 〔어떤 방침이나 태도를 취함〕

8. 형 종속적인. 부차적인. 이차적인.

9. 형 친족의. 사촌의.

10. 부 친척의. 지금까지. 여태껏. 일찍이. 〔주로 부정형으로 쓰임〕

11. 명 수행하는 사람. 따르는 사람.

行业(hángyè)：업종. 2-6.

分布(fēnbù)：동 (일정한 지역에) 분포하다. 널려 있다. → 분포.

上(shang)：1. 명 …에. …에서. …상.

〔명사 뒤에 쓰여, 어떤 것의 범위 안에 있음을 나타냄〕

2. 명 …위에. …에. 〔명사 뒤에 쓰여, 그 물체의 표면을 가리킴〕

3. 명 …상. …에 관한. …적으로. 〔명사 뒤에서, 어떤 방면을 가리킴〕

4. 명 …할 때. …일 때. …때(에).

〔나이를 나타내는 명사 뒤에 쓰여 …的时候의 의미를 나타냄〕

看(kàn)： 1. 동 보다. 구경하다.

2. 동 …라고 보다〔판단하다〕. …라고 생각하다〔여기다 · 인정하다〕.

3. 통 대하다. 대우하다. 취급하다.
4. 통 돌보다. 보살피다.
5. 통 바라보다. 기대하다. 예상하다. 단정하다.
6. 통 진료하다. 치료하다. 진찰하다.
7. 조 해 보다. 시험해 보다.
〔동사 뒤에 쓰여 한번 해 봄을 나타내며, 앞의 동사는 중첩함〕
8. 통 …에 달리다.
9. 통 방문하다. 문안하다. 찾아가다.
10. 통 (…하지 않도록) 조심하다. 주의하다. 〔주의를 환기시킴〕

百分之(bǎifēnzhī) : 퍼센트. %. 1-5.

以上(yǐshàng) : 1. 명 이상. 위.
2. 명 이상(의 말한 것). 상기〔상술〕한 것.

国企(guóqǐ) : 国有企业(guóyǒu qǐyè)(국유 기업)의 약칭.

性(xìng) : …성. …적(인). 〔명사・형용사・동사 뒤에 쓰여, 사물의 성질・성능・범위・방식 등을 나타냄〕

竞争性(jìngzhēngxìng) : 경쟁성. 경쟁적(인).

领域(lǐngyù) : 영역. 분야. 1-4.

7) 他特别选择了一些人认为垅断的石油石化行业・电力行业进行具体分析。

tā tèbié xuǎnzéle yìxiē rén rènwéi lǒngduàn de shíyóu shíhuà hángyè・diànlì hángyè jìnxíng jùtǐ fēnxī。

그는 일부 사람이 독점으로 인식하는 석유와 석유화학공업 업종・전력 업종을 특히 선택하여 구체적으로 분석했다.

特别(tèbié) : 1. 형 특별하다. 특이하다. 별다르다. 보통이 아니다.
2. 부 유달리. 각별히. 특별히. 아주.
3. 부 특히. 더욱. 더군다나.

选择(xuǎnzé) : 고르다. 선택하다. 2-5.

一些(yìxiē) : 1. 양 (～儿) 약간. 조금. 얼마간. 몇. 일부.
2. 양 수량이 확실하지 않은 사물에 쓰임.

3. 양 여러 번〔가지〕. 몇 번〔가지〕.
〔한 가지 종류 이상 혹은 한 번 이상의 사물에 쓰임〕
4. 양 일부 형용사 · 동사 뒤에 쓰여 약간의 의미를 나타냄.

石油(shíyóu) : 명 석유.

石化(shíhuà) : 1. 명 石油化工(석유화학공업)의 약칭.
2. 동 석화되다. 〔고대 생물이 점점 화석이 되는 과정〕

电力(diànlì) : 명 전력.

进行(jìnxíng) : 진행하다. 종사하다. 2-11.

具体(jùtǐ) : 1. 형 구체적이다.
2. 형 특정의. 상세한. 실제의.
3. 동 (이론이나 원칙을) …에 구체화하다. 〔뒤에 到를 수반함〕

分析(fēnxī) : 분석. 1-9.

进行具体分析 : 구체적인 분석을 진행하다. → 구체적으로 분석하다.

8) 石油石化行业，市场集中度的确比较高，但绝不是没有竞争。成品油市场上，中国石油和中国石化两家公司实力接近，二者存在竞争。

shíyóu shíhuà hángyè, shìchǎng jízhōngdù díquè bǐjiào gāo, dàn jué búshì méiyǒu jìngzhēng。chéngpǐnyóu shìchǎng shang, zhōngguó shíyóu hé zhōngguó shíhuà liǎng jiā gōngsī shílì jiējìn, èrzhě cúnzài jìngzhēng。

석유와 석유화학공업 업종은, 시장 집중도가 확실히 비교적 높지만, 절대로 경쟁이 없는 것은 아니다. 완제품 기름 시장에서, 중국석유와 중국석화 두 회사의 실력이 비슷하여, 양자 간에는 경쟁이 존재한다.

A) 石油石化行业，市场集中度的确比较高，但绝不是没有竞争。

shíyóu shíhuà hángyè, shìchǎng jízhōngdù díquè bǐjiào gāo, dàn jué búshì méiyǒu jìngzhēng。

석유와 석유화학공업 업종은, 시장 집중도가 확실히 비교적 높지만, 절대로 경쟁이 없는 것은 아니다.

集中度(jízhōngdù) : 명 집중도.

的确(díquè) : 부 확실히. 분명히. 정말. 참으로. 실로.

但(dàn) : 그러나. 하지만. 1-6.

绝(jué) : 1. 부 극히. 몹시. 가장. 제일. 아주. 매우. 절묘하게. 기발하게. 색다르게.
2. 부 절대로. 결코. 반드시. 완전히. 〔주로 부정사 앞에 쓰임〕
3. 동 끊다. 끊어지다. 단절하다.

绝不是(juébúshì) : 절대로 …는 아니다.

B) 成品油市场上，中国石油和中国石化两家公司实力接近，二者存在竞争。

chéngpǐnyóu shìchǎng shang, zhōngguó shíyóu hé zhōngguó shíhuà liǎng jiā gōngsī shílì jiējìn, èrzhě cúnzài jìngzhēng。

완제품 기름 시장에서, 중국석유와 중국석화 두 회사의 실력이 비슷하여, 양자 간에는 경쟁이 존재한다.

成品油(chéngpǐnyóu) : 명 가공 기름. 완제품 기름.

成品油市场上 : 완제품 기름 시장에서. 〔어구 앞의 在가 생략됨〕

中国石油(zhōngguó shíyóu) : 中国石油天然气股份有限公司(China National Petroleum Corporation)의 약칭으로, 1999년 성립된 국영 특대형 기업의 석유회사이고, 본부는 북경에 있다.

中国石化(zhōngguó shíhuà) : 中国石油化工集团公司(Sinopec Group)의 약칭으로, 1998년 성립된 국유 기업의 석유화학공업회사이고, 본부는 북경에 있다.

家(jiā) : 1. 양 집 · 점포 · 공장 등을 세는 단위.
2. 명 집.
3. 명 가정. 집안. 인가.
4. 명 학파. 학술상의 유파.

公司(gōngsī) : 회사. 2-6.

实力(shílì) : 1. 명 실력.
2. 명 (정치 · 경제적인) 힘.

接近(jiējìn) : 1. 동 접근하다. 가까이하다. 다가가다. 친하다.
2. 형 비슷하다. 가깝다. 접근해 있다.

存在(cúnzài) : 1. 통 존재하다. (특정한 시간 · 공간을) 점유하고 있다.
2. 명 존재. 자인.

9) 目前，BP · 壳牌等国际大型石油公司也已进入成品油零售市场，虽然占有的加油站份额还比较小，但进入的却是我国经济最发达 · 成品油需求量最大 · 利润最高的东部沿海省份。

mùqián, BP · qiàopái děng guójì dàxíng shíyóu gōngsī yě yǐ jìnrù chéngpǐnyóu língshòu shìchǎng, suīrán zhànyǒu de jiāyóuzhàn fèn`é hái bǐjiào xiǎo, dàn jìnrù de quèshì wǒguó jīngjì zuì fādá · chéngpǐnyóu xūqiúliàng zuìdà · lìrùn zuìgāo de dōngbù yánhaǐ shěngfèn。

현재 BP · 쉘 등 국제 대형 석유회사 또한 완제품 기름 소매 시장에 이미 진입했고, 비록 점유한 주유소의 시장 점유율이 아직 비교적 적으나, 진입한 곳은 오히려 우리 나라 경제가 가장 발달하고 완제품 기름 수요량이 가장 크며 이윤이 가장 많은 동부 연해안 성들이다.

目前(mùqián) : 지금. 현재. 1-5.

BP : BP Amoco. 1909년 성립된 영국 석유회사로, 본부는 영국 런던에 있다.

壳牌(qiàopái) : 荷兰皇家壳牌集团(Royal Dutch Shell Group, Hélán huángjiā qiàopái jítuán). 1890년 성립된 네덜란드 석유회사로, 본부는 네덜란드 헤이그에 있다.

壳(ké) : 명 (~儿) 뜻은 壳(qiào)와 같음.

壳(qiào) : 명 (동물 · 식물 · 과실 등의) 껍질. 껍데기. 허물.

壳牌集团(qiàopái jítuán) : 셀 그룹(shell group).

壳牌石油(qiàopái shíyóu) : 〔상표〕 쉘(Shell) 석유. Shell Oil Company.

等(děng) : 등. 따위. 1-4.

国际(guójì) : 국제. 국제의. 국제적인. 3-10.

大型(dàxíng) : 형 대형의.

零售(língshòu) : 통 소매하다. → 소매.

虽然(suīrán) : 1. 접 비록 …하지만〔일지라도〕. 설령 …일지라도.
2. 앞 구절에서는 주어의 앞뒤에 쓰이며, 뒷 구절에는 일반적으로 但是 · 可是 · 却是 · 但 · 可 · 却 등이 호응하여 쓰임.

虽然(suīrán)…, 但是(dànshì)… : 접 비록…, 그러나(하지만)….

占有(zhànyǒu) : 1. 동 점유하다.
2. 동 (어떤 유리한 위치를) 차지하다.
3. 동 장악하다. 차지하다. 소유하다. 소지하다.

加油站(jiāyóuzhàn) : 명 주유소.

份额(fèn`é) : 명 배당. 몫. (상품의) 시장 점유율.

还(hái) : 1. 부 여전히. 아직도. 아직. 〔동작 · 상태가 유지되어 지속됨을 나타냄〕
2. 부 또. 더. 게다가. 〔이미 지정된 범위 외에 더 증가됨을 나타냄〕
3. 부 더. 더욱. 〔比와 함께 쓰여, 비교를 나타냄〕
4. 부 …도. …조차. …까지도. 그래도. 그럼에도 불구하고.
〔앞 구절에 쓰여 배경을 깔고, 다음 구절에서 추론함〕
5. 부 그만하면. 그런대로. 그럭저럭. 꽤. 비교적.
〔형용사 앞에 쓰여, 억지로 어떤 정도에 다다름을 나타냄〕
6. 부 의외나 뜻밖이라는 어감을 더욱 두드러지게 함.
7. 부 …면서도. …라면서도.
〔마땅히 해야 하는 것을 하지 못하여 꾸짖거나 풍자함을 나타냄〕
8. 부 일찍이. 벌써. 이미. 〔벌써부터 이러함을 나타냄〕

但(dàn) : 그러나. 하지만. 1-6.

却(què) : 1. 동 후퇴하다. 퇴각하다. 물러나다.
2. 동 퇴각시키다. 물러나게 하다. 후퇴시키다. 격퇴시키다. 물리치다.
3. 동 거절하다. 사양하다.
4. 동 …해 버리다. …해 치우다. …하고 말다.
5. 부 …지만. …하지만.
6. 부 도리어. 오히려.
7. 접 그러나.

却是(quèshì) : 부 실인즉. 알고 본즉. 알고 보니. 사실은.

我国(wǒguó) : 명 우리 나라. 〔자기 나라를 지칭할 때 쓰임〕

经济(jīngjì) : 경제. 1-8.

最(zuì) : 1. 부 가장. 제일. 아주. 매우.
2. 명 최고. 으뜸.
3. 명 (Zui) 성(姓).

发达(fādá) : 1. 동 발달〔발전〕시키다. ↔ 落后(luòhòu).
2. 형 (사물 · 사업이) 발달하다. 흥성하다. 왕성하다. 번성하다.

需求(xūqiú) : 수요. 필요. 3-5.

需求量(xūqiúliàng) : 명 수요량. 필요량.

最大(zuìdà) : 형 가장 크다. 최대이다.

利润(lìrùn) : 명 이윤.

最高(zuìgāo) : 형 가장〔제일〕 높다. 최고이다.

东部(dōngbù) : 명 동부. 동쪽.

沿海(yánhaǐ) : 명 연해. 바닷가 근처 지방. ↔ 内地(nèidì).

省份(shěngfèn) : 명 성(省). 〔고유 명사와 함께 쓰이지 않고, 단독으로 쓰임〕

10) 电力行业，电网属于自然垅断行业，由非对称的两家企业经营。

diànlì hángyè, diànwǎng shǔyú zìrán lǒngduàn hángyè, yóu fēi duìchēn de liǎng jiā qǐyè jīngyíng。

전력 업종과 전력계통은 자연독점 업종에 속하고, 비대칭적인 두 기업이 경영하고 있다.

电网(diànwǎng) : 1. 명 电力网(diànlìwǎng)의 약칭. 전력계통.
2. 명 전기 철조망.

属于(shǔyú) : 동 …에 속하다. …의 소유이다.

自然(zìrán) : 1. 명 자연.
2. 형 천연의. 자연의.
3. 형 당연하다.
4. 형 자연스럽다.

自然垅断(zìrán lǒngduàn) : 자연독점. 법이 독점권을 인정한 것은 아니나 사업의 성질에 따라 생기는 독점. 예를 들어 누구나 경영할 수 없기 때문에 자연히 독점 상태가 되어 누리게 되는 사실상의 독점적 이익을 이른다. 철도가스전기 사업 따위가 이러한 경우이다.

由(yóu) : …이〔가〕. …에서. …(으)로부터. 〔동작의 주체를 이끌어 냄〕. 3-6.

非(fēi) : …이〔가〕 아니다. → 비(非). 3-8.

对称(duìchèn) : 형 (도형이나 물체가) 대칭이다.

非对称(fēi duìchēn) : 비대칭. → 非对称的(fēi duìchēn de) : 비대칭의. 비대칭적.

经营(jīngyíng) : 1. 동 운영하다.
2. 동 (기업 등을) 경영하다. 기획하고 관리하다.
3. 동 계획 · 조직하다.

11) 发电行业则处于激烈的竞争当中，5家央企占全部市场50%左右的份额，各地还有数量众多的地方国有电厂・民营电厂。

fādiàn hángyè zé chǔyú jīliè de jìngzhēng dāngzhōng, wǔ jiā yāngqǐ zhàn quánbù shìchǎng bǎifēnzhī wǔshí zuǒyòu de fèn`é, gèdì hái yǒu shùliàng zhòngduō de dìfāng guóyǒu diànchǎng・mínyíng diànchǎng。

발전 업종은 바로 격렬한 경쟁 속에 처해 있고, 5개 중앙기업이 전체 시장의 50% 가량의 점유율을 점하고 있으며, 각지에는 수량이 많은 지방 국유 발전소・민영 발전소가 또한 있다.

发电(fādiàn) : 1. 동 발전하다. 전기를 일으키다. → (전기) 발전.
2. 동 전보를 치다.

발전발则(zé) : 1. 부 바로〔곧〕 …이다.〔판단구에 쓰여 긍정을 나타냄〕
2. 명 규칙. 규정. 제도.
3. 명 규범. 모범. 본보기.
4. 양 조항. 문제. 편. 토막.
5. 접 …하자 …하다.〔두 가지 일이 시간적으로 이어져 진행됨을 나타냄〕
6. 접 …하면 …하다.〔인과 관계나 조건을 나타냄〕
7. 접 오히려. 그러나.〔대비・역접을 나타냄〕

激烈(jīliè) : 1. 형 (동작・말이) 격렬하다. 치열하다. 극렬하다. 맹렬하다.
2. 형 (성격・감정 등이) 꿋꿋하고 강직하다. 격앙하다. 드높이다.

当中(dāngzhōng) : 1. 명 중간. 한복판. 정중앙.
2. 명 그 가운데. 그 속에.

央企(yāngqǐ) : 中央企业(zhōngyāng qǐyè)의 약칭. 중앙기업.
중국의 국유기업에는 중앙기업(중앙정부가 감독・관리하는 국유기업)과 지방기업(지방정부가 감독・관리하는 국유기업)이 있다.

全部(quánbù) : 1. 명 전부. 전체. 모두.
2. 형 전부의. 전체의. 모두의. 전반의.

市场(shìchǎng) : 시장. 3-9.

百分之(bǎifēnzhī) : 퍼센트. 1-5.

左右(zuǒyòu) : 1. 명 좌와 우. 왼쪽과 오른쪽.
2. 명 주위. 옆. 곁.
3. 명 측근. 시종. 주변 사람.

4. 명 가량. 안팎. 만큼. 내외. 쯤. 〔대략적인 수를 나타냄〕
5. 통 통제하다. 좌우하다. 좌지우지하다. 지배하다.
6. 부 어쨌든. 좌우지간에. 결국. 어차피.

各地(gèdì) : 명 각지. 각처. 여러 곳.

还有(hái yǒu) : 또(한) 있다.

数量(shùliàng) : 명 수량. 양. 수효.

众多(zhòngduō) : 형 아주 많다. 〔주로 사람이 많은 것을 형용함〕

地方(dìfāng) : 지방. 1-6.

国有(guóyǒu) : 국유. 1-5.

电厂(diànchǎng) : (대용량)발전소 →发电厂(fādiànchǎng).

民营(mínyíng) : 민영. 1-6.

12) 即使是在行政垄断和自然垄断行业，国有企业也不存在通过垄断地位获取超额利润的垄断行为。

jíshǐ shì zài xíngzhèng lǒngduàn hé zìrán lǒngduàn hángyè, guóyǒu qǐyè yě bù cúnzài tōngguò lǒngduàn dìwèi huòqǔ chāo`é lìrùn de lǒngduàn xíngwéi。

설사 행정독점과 자연독점 업종에서라도, 국유 기업에는 독점 지위를 통해 초과 이윤을 취하는 독점행위가 존재하지 않는다.

即使(jíshǐ) : 접 설령〔설사〕 …하더라도〔할지라도 · 일지라도〕.
〔가설 겸 양보를 나타내며, 흔히 也 · 还 등의 부사와 함께 쓰임〕

行政垄断(xíngzhèng lǒngduàn) : 행정독점. 행정독점은 중국 고유의 개념으로, 정부독점(政府垄断)과 정부수여독점(政府授予垄断)을 포함한다. 정부독점은 정부가 직접 독점권력을 행사하는 것으로, 예로 주류전매와 담배전매가 있으며, 정부수여독점은 정부가 독점경영권을 일반 기업에게 수여하는 것이다.

通过(tōngguò) : …을 거쳐. …에 의해. …를 통해. 2-12.

地位(dìwèi) : 1. 명 (사회적) 지위. 위치.
2. 명 (사람이나 물건이 차지한) 자리.

获取(huòqǔ) : 통 얻다. 취득〔획득〕하다.

超额(chāo`é) : 1. 동 정량을 초과하다. 목표액 이상을 달성하다. → 초과하는.
2. 명 초과액.
超额利润(chāo`é lìrùn) : 초과이윤.
行为(xíngwéi) : 행위. 행동. 2-7.

13) 成品油・天然气・电力价格都是政府定的。
chéngpǐnyóu・tiānránqì・diànlì jiàgé dōu shì zhèngfǔ dìng de。
완제품 기름・천연가스・전력 가격은 모두 정부가 결정하는 것이다.

天然气(tiānránqì) : 명 천연가스.
价格(jiàgé) : 명 가격. 값.
政府(zhèngfǔ) : 정부. 1-3.
定(dìng) : 1. 동 결정하다. 정하다. 확정하다.
2. 동 (마음을) 안정시키다. 평안하게 하다. 가라앉히다. 진정시키다.
3. 동 고정하다. 고정시키다.
4. 동 주문하다. 예약하다. 약정하다.
5. 부 반드시. 필히. 꼭. 확실히.
6. 형 안정적이다. 평안하다. 차분하다.
7. 형 (이미) 고정적이다. 확정적이다. 확고하다. 고칠 수 없는.
8. 형 약정된. 규정된. 약속된. 정해진. *

4. 번역 국유 기업 개혁의 성과

국유 기업의 효과가 좋은 것은 독점에 의존한 것이 아니다.

최근 몇 년간, 국유 기업의 효과가 좋은 것은 주로 독점 때문이고, 국유 기업을 독점과 동일시하려고 여기는 견해가 있다. 이에 대해, 국자위 연구중심 연구원 쉬바오리의 의견에 의하면, 사실 우리 나라의 국유 기업 여러 곳이 유효경쟁 속에 놓여 있다. 여러 해의 개혁개방을 거쳤기 때문에, 우리 나라의 대부분 업종은 이미 경쟁 구조를 형성했는데, 국유 자본이 비교적 집중된 국민 경제 명맥과 관련된 중요 업종과 중요 영역을 포함하여, 예로 강철 · 비철 금속 · 화학공업 · 건축 재료 · 건축 · 기계 제조는, 문턱을 들어서든 아니면 시장 운영이든지 간에, 모두 이미 충분한 경쟁 구조를 형성했다. 업종 분포에서 보면, 90% 이상의 국유 기업이 경쟁적 영역에 놓여 있다.

그는 일부 사람이 독점으로 인식하는 석유와 석유화학공업 업종 · 전력 업종을 특히 선택하여 구체적으로 분석했다. 석유와 석유화학공업 업종은, 시장 집중도가 확실히 비교적 높지만, 절대로 경쟁이 없는 것은 아니다. 완제품 기름 시장에서, 중국석유와 중국석화 두 회사의 실력이 비슷하여, 양자 간에는 경쟁이 존재한다. 현재 BP · 쉘 등 국제 대형 석유회사 또한 완제품 기름 소매 시장에 이미 진입했고, 비록 점유한 주유소의 시장 점유율이 아직 비교적 적으나, 진입한 곳은 오히려 우리 나라 경제가 가장 발달하고 완제품 기름 수요량이 가장 크며 이윤이 가장 많은 동부 연해안 성들이다.

전력 업종과 전력계통은 자연독점 업종에 속하고, 비대칭적인 두 기업이 경영하고 있다. 발전 업종은 바로 격렬한 경쟁 속에 처해 있고, 5개 중앙기업이 전체 시장의 50%가량의 점유율을 점하고 있으며, 각지에는 수량이 많은 지방 국유 발전소 · 민영 발전소가 또한 있다. 설사 행정독점과 자연독점 업종에서라도, 국유기업에는 독점 지위를 통해 초과이윤을 취하는 독점행위가 존재하지 않는다. 완제품 기름 · 천연가스 · 전력 가격은 모두 정부가 결정하는 것이다. *

第五课

东亚经济一体化

第五课 东亚经济一体化

1. 원문 中日韩自贸区是东亚经济一体化的关键

东亚经济一体化面临着多种路径选择，中韩，中日韩，东盟10国与中国·韩国·日本·印度·澳大利亚和新西兰之间的10+1自贸协定，东盟与其自贸伙伴之间的“区域全面经济合作伙伴框架协定”(RCEP)，都以各自的方式推动着东亚经济一体化的进程。过去的20年，东亚国家一共签署了63个自贸协定，占全球的30%。其中31个是东亚国家之间签署的，32个是与东亚之外的国家签署的。

但是，与欧美和北美自由贸易区有所不同，东亚地区因历史问题和领土主权争议，一直缺乏地区认同感，导致国家间经济发展战略互信度较低，这是东亚区域合作的最大障碍。中日韩作为本地区三个大国，GDP总量已达到15万亿美元，占全球GDP的20%，占东亚GDP的90%，已经超过欧盟，成为世界上最活跃的地区之一。

但是三国之间的贸易量只占三国对外贸易总量的不足20%，而三国之间的投资额仅占三国对外投资总量的1.3%，内部贸易依存度只有25%，远低于欧盟的63%和北美的40%。由于中日韩三国地缘相近，且经济总量十分巨大，如果在未来能够形成真正意义上的自由贸易区，逐步现实货物·人员·资本的自由来往，将全面促进各国的产业调整和经济发展，大幅提升消费者福利，并对东亚地区的一体化进程产生引领作用，对亚洲乃至对世界的影响巨大。

출처: 中国新闻网. http://news.ifeng.com/world/detail_2012_09/15/17643457_0.shtml

2. 발음 dì wǔ kè dōngyà jīngjì yìtǐhuà

zhōng rì hán zìmàoqū shì dōngyà jīngjì yìtǐhuà de guānjiàn

dōngyà jīngjì yìtǐhuà miànlín zhe duōzhǒng lùjìng xuǎnzé, zhōng hán, zhōng rì hán, dōngméng shí guó yǔ zhōngguó · hánguó · rìběn · yìndù · àodàlìyà hé xīnxīlán zhījiān de shí jiā yī zìmào xiédìng, dōngméng yǔ qí zìmào huǒbàn zhījiān de "qūyù quánmiàn jīngjì hézuò huǒbàn kuàngjià xiédìng"(RCEP), dōu yǐ gèzì de fāngshì tuīdòng zhe dōngyà jīngjì yìtǐhuà de jìnchéng。guòqù de èr shí nián, dōngyà guójiā yígòng qiānshǔ le liù shí sān ge zìmào xiédìng, zhàn quánqiú de bǎifēnzhī sān shí。qízhōng sān shí yí ge shì dōngyà guójiā zhījiān qiānshǔ de, sān shí èr ge shì yǔ dōngyà zhī wài de guójiā qiānshǔ de。

dànshì, yǔ ōu měi hé běiměi zìyóu màoyìqū yǒusuǒ bùtóng, dōngyà dìqū yīn lìshǐ wèntí hé lǐngtǔ zhǔquán zhēngyì, yìzhí quēfá dìqū rèntónggǎn, dǎozhì guójiā jiān jīngjì fāzhǎn zhànlüè hùxìndù jiào dī, zhè shì dōngyà qūyù hézuò de zuìdà zhàngài。

zhōng rì hán zuòwéi běn dìqū sān ge dàguó, GDP zǒngliàng yǐ dádào shí wǔ wànyì měiyuán, zhàn quánqiú GDP de bǎifēnzhī èr shí, zhàn dōngyà GDP de bǎifēnzhī jiǔ shí, yǐjīng chāoguò ōuméng, chéngwéi shìjiè shang zuì huóyuè de dìqū zhīyī。

dànshì sān guó zhījiān de màoyìliàng zhǐ zhàn sān guó duìwài màoyì zǒngliàng de bùzú bǎifēnzhī èr shí, ér sān guó zhījiān de tóuzī`é jǐn zhàn sān guó duìwài tóuzī zǒngliàng de bǎifēnzhī yī diǎn sān, nèibù màoyì yīcúndù zhǐ yǒu bǎifēnzhī èr shí wǔ, yuǎn dīyú ōuméng de bǎifēnzhī liù shí sān hé běiměi de bǎifēnzhī sì shí。yóuyú zhōng rì hán sān guó dìyuán xiāngjìn, qiě jīngjì zǒngliàng shífēn jùdà, rúguǒ zài wèilái nénggòu xíngchéng zhēnzhèng yìyì shang de zìyóu màoyìqū, zhúbù xiànshí huòwù · rényuán · zīběn de zìyóu wǎnglái, jiāng quánmiàn cùjìn gèguó de chǎnyè tiáozhěng hé jīngjì fāzhǎn, dàfú tíshēng xiāofèizhě fúlì, bìng duì dōngyà dìqū de yìtǐhuà jìnchéng chǎnshēng yǐnlǐng zuòyòng, duì yàzhōu nǎizhì duì shìjiè de yǐngxiǎng jùdà。

3. 해설 동아시아 경제의 일체화

1) 东亚经济一体化

dōngyà jīngjì yìtǐhuà
동아시아 경제의 일체화

东亚(dōngyà)：명 동아. 동아시아.
经济(jīngjì)：경제. 1-8.
一体化(yìtǐhuà)：동 일체화하다.
东亚经济一体化：동아시아의 경제가 일체화하다. → 동아시아 경제의 일체화.

2) 中日韩自贸区是东亚经济一体化的关键

zhōng rì hán zìmàoqū shì dōngyà jīngjì yìtǐhuà de guānjiàn
중국 · 일본 · 한국 자유무역지역은 동아시아 경제 일체화의 관건이다.

中(zhōng)：中国(zhōngguó). 중국. 4-4.
日(rì)：1. 명 日本(rìběn). 일본.
2. 명 태양. 해.
3. 명 하루. 일. 날.
4. 명 낮.
5. 명 (특정한) 날. 일.
6. 명 매일. 하루하루.
7. 명 때. 철.
韩(hán)：韩国(hánguó). 대한민국. 한국.
自贸区(zìmàoqū)：自由贸易区(zìyóu màoyìqū, Free Trade Area). 자유무역지대.

中日韩自贸区(zhōng rì hán zìmàoqū) : 中日韩自由贸易区(China Japan ROK FTA).
중일한자유무역지대.

东亚自由贸易区(dōngyà zìyóu màoyìqū) : East Asian Free Trade Area.
동아시아자유무역지대.

关键(guānjiàn) : 1. 명 관건. 열쇠. 키포인트.
2. 형 매우 중요한.

3) 东亚经济一体化面临着多种路径选择，中韩，中日韩，东盟10国与中国・韩国・日本・印度・澳大利亚和新西兰之间的10+1自贸协定，东盟与其自贸伙伴之间的"区域全面经济合作伙伴框架协定"(RCEP)，都以各自的方式推动着东亚经济一体化的进程。

dōngyà jīngjì yìtǐhuà miànlín zhe duōzhǒng lùjìng xuǎnzé, zhōng hán, zhōng rì hán, dōngméng shí guó yǔ zhōngguó・hánguó・rìběn・yìndù・àodàlìyà hé xīnxīlán zhījiān de shí jiā yī zìmào xiédìng, dōngméng yǔ qí zìmào huǒbàn zhījiān de "qūyù quánmiàn jīngjì hézuò huǒbàn kuàngjià xiédìng"(RCEP), dōu yǐ gèzì de fāngshì tuīdòng zhe dōngyà jīngjì yìtǐhuà de jìnchéng。

동아시아 경제의 일체화는 여러 방법의 선택에 직면하고 있다. 중국・한국, 중국・일본・한국, 동남아국가연합(ASEAN) 10개 국가와 중국・한국・일본・인도・호주・뉴질랜드 사이의 10+1 자유무역협정, 동남아국가연합과 그 자유무역 동반자 사이의 "역내 포괄적 경제 동반자 협정"(RCEP), 모두가 각자의 방식으로 동아시아 경제 일체화의 진행과정을 추진하고 있다.

A) 东亚经济一体化面临着多种路径选择，

dōngyà jīngjì yìtǐhuà miànlín zhe duōzhǒng lùjìng xuǎnzé,

동아시아 경제의 일체화는 여러 방법의 선택에 직면하고 있다.

面临(miànlín) : 동 (문제・상황에) 직면하다. 당면하다. 앞에 놓여 있다.

着(zhe) : 1. 조 …하고 있다. …하고 있는 중이다. 〔동작의 지속을 나타냄〕
2. 조 …해 있다. …한 채로 있다.
〔어느 동작이 끝난 뒤 정지 상태의 지속을 나타냄〕

3. 조 동사 또는 정도를 나타내는 형용사의 뒤에 붙어 명령이나 부탁의 어기를 강조함.
4. 조 일부 동사의 뒤에 붙어 전치사의 기능을 하게 함.
5. 조 …하면서. …한 채로.
〔동사의 뒤에서 계속되는 동사의 방식 · 수단 · 완료를 나타냄〕
6. 조 …하고 보니 …하다. …하고 본즉 …하다.
〔동사의 뒤에 놓여 조건을 나타내는 수식 성분으로 쓰임〕
7. 조 매우 …하다. 〔문미에서 형용사+呢로 쓰여 강조 어기를 나타냄〕
8. 조 동일한 동사를 반복하여 각각 着를 붙여 그 동작 중 어떤 변화가 일어남을 나타냄.

多种(duōzhǒng) : 형 여러 가지. 멀티. 다양한.

路径(lùjìng) : 1. 명 길. 도로. 통로.
2. 명 방법. 방도. 수단.
3. 명 경로(path).

选择(xuǎnzé) : 선택. 선택하다. 2-5.

B) 中韩，中日韩，东盟10国与中国 · 韩国 · 日本 · 印度 · 澳大利亚和新西兰之间的10+1自贸协定，东盟与其自贸伙伴之间的"区域全面经济合作伙伴框架协定"(RCEP)，都以各自的方式推动着东亚经济一体化的进程。

zhōng hán, zhōng rì hán, dōngméng shí guó yǔ zhōngguó · hánguó · rìběn · yìndù · àodàlìyà hé xīnxīlán zhījiān de shí jiā yī zìmào xiédìng, dōngméng yǔ qí zìmào huǒbàn zhījiān de "qūyù quánmiàn jīngjì hézuò huǒbàn kuàngjià xiédìng"(RCEP), dōu yǐ gèzì de fāngshì tuīdòng zhe dōngyà jīngjì yìtǐhuà de jìnchéng。

중국 · 한국, 중국 · 일본 · 한국, 동남아국가연합(ASEAN) 10개 국가와 중국 · 한국 · 일본 · 인도 · 호주 · 뉴질랜드 사이의 10+1 자유무역협정, 동남아국가연합과 그 자유무역 동반자 사이의 "역내 포괄적 경제 동반자 협정"(RCEP), 모두가 각자의 방식으로 동아시아 경제 일체화의 진행과정을 추진하고 있다.

东盟(dōngméng) : 명 东南亚国家联盟(dōngnányà guójiā liánméng, 동남아국가연합)의 약칭. ASEAN(Association of Southeast Asian Nations).

与(yǔ) : …와〔과〕. 2-7.

印度(yìndù) : 명 인도. 인디아(India).

澳大利亚(àodàlìyà) : 명 호주. 오스트레일리아(Australia).

和(hé) : …와〔과〕. 1-2.

新西兰(xīnxīlán) : 명 뉴질랜드(New Zealand).

之间(zhījiān) : 1. 명 (…의) 사이. 지간.
〔두 개의 시간이나 지점 · 수량이 정한 범위 이내를 가리킴〕
2. 명 이음절 동사나 부사 뒤에 쓰여 짧은 시간을 나타냄.

加(jiā) : 1. 동 더하다. 보태다. → 플러스. +.
2. 동 증가하다. 늘다. 늘리다. 불리다.
3. 동 (본래 없던 것을) 붙이다. 달다. 넣다. 첨가하다.
4. 동 〔加 앞에 부사를 쓸 경우 단음절 부사만 쓰이고, 쌍음절 부사일 경우에는 加以를 써야 함.〕 (어떤 동작을) (가)하다.

自贸(zìmào) : 自由贸易(zìyóu màoyì)의 약칭. 자유무역.

协定(xiédìng) : 1. 명동 협정(하다).
2. 명 (컴퓨터) 프로토콜(protocol). 통신 규약.

自贸协定(zìmào xiédìng) : 自由贸易协定(zìyóu màoyì xiédìng)의 약칭. 자유무역 협정.

其(qí) : 1. 대 그(의). 그들(의). 그것들(의).
2. 대 그러한 것. 저러한 것.
3. 조 어찌. (반문의 뜻을 나타냄)

伙伴(huǒbàn) : 명 동료. 친구. 동반자.

区域(qūyù) : 명 구역. 지역.

全面(quánmiàn) : 1. 명 전면. 전반. 전체.
2. 형 전면적이다. 전반적이다.

合作(hézuò) : 명동 합작(하다). 협력(하다).

框架(kuàngjià) : 1. 명 뼈대. 프레임(frame). 골격. 골조.
2. 명 구성. 구조.

区域全面经济合作伙伴框架协定(qūyù quánmiàn jīngjì hézuò huǒbàn kuàngjià xiédìng) : 역내 포괄적 경제 동반자(RCEP. Regional Comprehensive Economic Partnership) 협정(Agreement). 동남아시아국가연합(아세안) 10개 국가와 한국, 중국, 일본, 인도, 호주, 뉴질랜드 등 16개 국가의 역내 무역자유화를 위한 협정이다.

都(dōu)：모두. 다. 전부. 4-5.

以(yǐ)：…(으)로(써). …을 가지고. …을 근거로. 3-11.

各自(gèzì)：㈹ 각자. 제각기.

方式(fāngshì)：방식. 방법. 2-9.

进程(jìnchéng)：㈿ 경과. 진행 과정. 코스. 발전 과정. 진전.

4) 过去的20年，东亚国家一共签署了63个自贸协定，占全球的30%。

guòqù de èr shí nián, dōngyà guójiā yígòng qiānshǔ le liù shí sān ge zìmào xiédìng, zhàn quánqiú de bǎifēnzhī sān shí。

과거의 20년 동안, 동아시아 국가는 모두 63개 자유무역협정에 서명했고, 전 세계의 30%를 점했다.

过去(guòqù)：1. ㈿ 과거.
2. ㈿ 과거사. 옛일.
3. ㉍ 지나가다. 〔화자가 있는 시점 · 지점을 거쳐 지나감을 나타냄〕
4. ㉍ 지나다. 〔일찍이 어떤 단계를 거쳤음을 나타냄〕
5. ㉍ 지나가다. 〔어떤 시기 · 상황이 지나감 · 없어졌음을 나타냄〕
6. ㉍ 죽다. 사망하다. 세상을 뜨다. 돌아가시다.
〔반드시 뒤에 了를 써야 함〕

国家(guójiā)：국가. 1-6.

一共(yígòng)：㈾ 모두. 전부. 합계.

签署(qiānshǔ)：㉍ (중요한 문서상에) 정식 서명하다.

了(le)：1. ㉆ 동사 · 형용사 뒤에서 동작 · 변화가 이미 완료되었음을 나타냄.
2. 실제로 이미 발생한 동작이나 변화에 사용됨.
3. 예정되거나 가정적인 동작에 사용됨.
4. ㉆ 문장 끝이나 문장 중에서 변화 · 새로운 상황의 출현을 나타냄.
5. 어떤 상황이 이미 출현했거나 앞으로 출현할 것임을 나타냄.
6. 인식 · 의견 · 주장 · 행동 등에 변화가 있음을 나타냄.
7. 어떤 조건 아래 모종의 상황이 출현함을 나타냄.
8. ㉆ 문장 끝이나 문장 중에서 재촉 · 저지 · 명령을 나타냄.
9. ㉆ 문장 끝이나 문장 중에서 감탄을 나타냄.

占(zhàn) : 점하다. 차지하다. 점유하다. 점령하다. 1-5.

全球(quánqiú) : 명 전 세계. 지구 전체. 온 세상.

% : 百分之(bǎifēnzhī). 퍼센트. 1-5.

5) 其中31个是东亚国家之间签署的，32个是与东亚之外的国家签署的。

qízhōng sān shí yí ge shì dōngyà guójiā zhījiān qiānshǔ de, sān shí èr ge shì yǔ dōngyà zhī wài de guójiā qiānshǔ de。

그 가운데 31개는 동아시아 국가 사이에 서명한 것이고, 32개는 동아시아 이외의 국가와 서명한 것이다.

其中(qízhōng) : 대 그중(에). 그 가운데(에).

与(yǔ) : …와〔과〕 함께. 2-7.

外(wài) :
1. 명 겉. 밖. 바깥.
2. 명 …이외. …밖에. …외에.
3. 명 외국.
4. 형 외국의.
5. 형 바깥의.
6. 형 딴 데의. 딴 고장의. 다른 곳의.
7. 부 따로. 또한. 게다가.
8. 형 정식이 아닌. 비공식적인. 비정규적인.
9. 형 관계가 소원한. 친밀하지 않은. 낯설다.
10. 형 (친족 관계에서) 어머니·아내·자매 또는 여자 쪽의.

东亚之外(dōngyà zhī wài) : 동아시아 이외의〔밖의〕.

6) 但是，与欧美和北美自由贸易区有所不同，东亚地区因历史问题和领土主权争议，一直缺乏地区认同感，导致国家间经济发展战略互信度较低，这是东亚区域合作的最大障碍。

dànshì, yǔ ōu měi hé běiměi zìyóu màoyìqū yǒusuǒ bùtóng, dōngyà dìqū yīn lìshǐ wèntí hé lǐngtǔ zhǔquán zhēngyì, yìzhí quēfá dìqū rèntónggǎn, dǎozhì guójiā jiān jīngjì fāzhǎn zhànlüè hùxìndù jiào dī, zhè shì dōngyà qūyù hézuò de zuìdà zhàngài。

그러나 구미 · 북미 자유무역지역과는 다소 다른 점이 있다. 동아시아지역은 역사 문제와 영토주권 논쟁으로 인해, 줄곧 지역 공동체 의식이 결핍되어, 국가 사이 경제발전 전략의 상호 신뢰도가 비교적 낮게 만들어졌고, 이것이 동아시아지역 협력의 최대 장애물이다.

A) 但是，与欧美和北美自由贸易区有所不同，

dànshì, yǔ ōu měi hé běiměi zìyóu màoyìqū yǒusuǒ bùtóng,

그러나 구미 · 북미 자유무역지역과는 다소 다른 점이 있다.

但是(dànshì)：접 그러나. 그렇지만.

欧(ōu)：1. 명 유럽. 유럽 대륙.

2. 양 欧姆(ōumǔ). 옴(ohm). 〔전기 저항의 단위〕

美(měi)：1. 명 미국.

2. 명 미주(美洲). 아메리카주.

3. 형 아름답다. 예쁘다. 곱다. 어여쁘다.

4. 형 좋다. 훌륭하다.

5. 동 미화하다. 아름답게 하다〔가꾸다 · 꾸미다〕.

6. 형 대단히 만족하다. 마음에 꼭 들어 하다. 득의(만만)하다.

7. 명 좋은〔훌륭한〕 것. 좋은 일.

北美(běiměi)：명 北美洲(běiměizhōu). 북아메리카. 북미(주).

有所(yǒusuǒ)：동 다소 …하다. 어느 정도 …하다. 좀 …하다.

〔뒤에 주로 쌍음절 동사를 동반함〕

不同(bùtóng)：형 같지 않다. 다르다.

有所不同(yǒusuǒ bùtóng)：다소 다른 점이 있다.

B) 东亚地区因历史问题和领土主权争议，一直缺乏地区认同感，导致国家间经济发展战略互信度较低，

dōngyà dìqū yīn lìshǐ wèntí hé lǐngtǔ zhǔquán zhēngyì, yìzhí quēfá dìqū rèntónggǎn, dǎozhì guójiā jiān jīngjì fāzhǎn zhànlüè hùxìndù jiào dī,

동아시아지역은 역사 문제와 영토주권 논쟁으로 인해, 줄곧 지역 공동체 의식이 결핍되어, 국가 사이 경제발전 전략의 상호 신뢰도가 비교적 낮게 만들어졌고,

地区(dìqū)：지역. 지구. 2-6.

东亚地区(dōngyà dìqū)：동아시아지역.

因(yīn)：1. 개 …에 의해. …에 따라. …대로. …에 근거하여.
〔동작이나 행위의 근거를 이끌어 내며, 按照 · 根据에 상당함〕
2. 접 …때문에. …로 인하여. …한 까닭으로. 〔인과 관계를 나타냄〕
3. 명 연유. 원인. 이유. 까닭.

历史(lìshǐ)：1. 명 역사.
2. 명 역사적 기록.
3. 명 (어떤 사물이나 개인의) 과거.

问题(wèntí)：문제. 2-6.

领土(lǐngtǔ)：명 영토. 국토. 영지.

主权(zhǔquán)：명 주권.

争议(zhēngyì)：1. 동 쟁의하다. 논의하다. 쟁론하다. 논쟁하다. → 논쟁. 쟁론.
2. 명 이견. 다른 의견.

一直(yìzhí)：1. 부 계속. 줄곧. 〔동작 혹은 상태가 지속됨을 나타냄〕
2. 부 곧장. 곧바로.
3. 부 관련되는 범위를 나타냄.

缺乏(quēfá)：동 결핍되다. 결여되다.

认同(rèntóng)：1. 동 인정하다. 승인하다. 동의하다.
2. 동 동일시하다.

民族认同意识：민족 공동체 의식.

认同感(rèntónggǎn)：명 공동체 의식. 구성원이 외부에 대해 갖는 공동 인식.

地区认同感(dìqū rèntónggǎn)：지역 공동체 의식.

导致(dǎozhì)：동 (어떤 사태를) 야기하다. 초래하다. 가져오다.

间(jiān)：1. 명 사이. 중간. 가운데.
2. 명 일정한 범위의 안.
3. 명 방. 실.
4. 양 칸. 〔방을 세는 단위〕

间(jiàn)：1. 명 (~儿) 틈. 사이.
2. 명 (감정상의) 알력. 틈. 간격. 격의.
3. 형 간접적인.
4. 동 나누다. 분리하다. 이간질시키다. 가로막다.
5. 동 사이를 두다. 틈이 생기게 하다. 이간시키다.
6. 동 (너무 많은 묘목을) 솎다. 뽑아 버리다. 없애다. 제거하다.

发展(fāzhǎn)：발전. 발전하다. 1-6.

战略(zhànlüè)：1. 명 전략.
2. 형 전략적인.

互信(hùxìn)：동 서로 믿다. 상호 신뢰하다. → 상호 신뢰.

度(dù)： 1. 명 정도.
2. 명 한도.
3. 양 도. 〔호 · 각의 계산 단위〕〔경도 · 위도의 단위〕
4. 양 킬로와트(kilo-watt).
5. 양 회(回). 차(次).
6. 동 (시간이) 경과하다. (시간을) 보내다.
7. 명 법칙. 규칙. 준칙.
8. 명 헤아림. 고려. 헤아리는〔따지는〕 범위.
9. 명 일정한 범위 안의 시간이나 공간.
10. 명 도량. 아량.

互信度(hùxìndù)：상호 신뢰도.

较(jiào)：비교적. 좀. 보다. 2-6.

低(dī)：1. 형 (높이 · 등급 · 정도 · 음성 · 지대가) 낮다. 뒤떨어지다.
2. 동 (머리를) 숙이다.

C) 这是东亚区域合作的最大障碍。

zhè shì dōngyà qūyù hézuò de zuìdà zhàngài。

이것이 동아시아지역 협력의 최대 장애물이다.

最大(zuìdà) : 최대의. 가장 큰. 4-9.

障碍(zhàngài) : 1. 명 장애물. 방해물.
2. 동 방해하다. 막다. 장애하다. 저해하다.

7) 中日韩作为本地区三个大国，GDP总量已达到15万亿美元，占全球GDP的20%，占东亚GDP的90%，已经超过欧盟，成为世界上最活跃的地区之一。

zhōng rì hán zuòwéi běn dìqū sān ge dàguó, GDP zǒngliàng yǐ dádào shí wǔ wànyì měiyuán, zhàn quánqiú GDP de bǎifēnzhī èr shí, zhàn dōngyà GDP de bǎifēnzhī jiǔ shí, yǐjīng chāoguò ōuméng, chéngwéi shìjiè shang zuì huóyuè de dìqū zhīyī。

중국 · 일본 · 한국은 이 지역의 3개 대국으로서, GDP(국내 총생산)의 총량은 15조 미국 달러에 이미 달하여, 전 세계 GDP의 20%를 점했고, 동아시아 GDP의 90%를 점했으며, EU(유럽 연합)를 이미 초과하여, 세계적으로 가장 활기찬 지역 중 하나가 되었다.

A) 中日韩作为本地区三个大国，

zhōng rì hán zuòwéi běn dìqū sān ge dàguó,

중국 · 일본 · 한국은 이 지역의 3개 대국으로서,

作为(zuòwéi) : 1. 동 …로 여기다〔간주하다〕. …으로 삼다. …로 하다.
2. 동 …의 신분〔자격〕으로서. 〔반드시 명사성 목적어를 취해야 함〕
3. 명 소행. 행위. 행동.
4. 명 할 수 있는 일.
5. 명 성과. 성적.
6. 명 작위. 적극행위. 〔不作为(부작위)와 구별됨〕

本(běn) : 1. 대 (상대방에 대하여) 자기 쪽의. 이것. 이.
2. 대 현재의. 이번의.
3. 명 (~儿) 책. 공책.
4. 명 (사물의) 근본. 근원. 기초.

5. 명 본전. 밑천. 원금.
6. 부 원래. 본래.
7. 양 (꽃이나 나무의) 송이. 그루. (난초의) 촉.
8. 양 ~儿로 쓰여 (책의) 권을 나타냄.

大国(dàguó) : 명 대국. 큰 나라.

中日韩作为本地区三个大国 : 중국 · 일본 · 한국은 이 지역의 3개 대국의 자격으로서 → 중국 · 일본 · 한국은 이 지역의 3개 대국으로서.

B) GDP总量已达到15万亿美元，占全球GDP的20%，占东亚GDP的90%，已经超过欧盟，成为世界上最活跃的地区之一。

GDP zǒngliàng yǐ dádào shí wǔ wànyì měiyuán, zhàn quánqiú GDP de bǎifēnzhī èr shí, zhàn dōngyà GDP de bǎifēnzhī jiǔ shí, yǐjīng chāoguò ōuméng, chéngwéi shìjiè shang zuì huóyuè de dìqū zhīyī。

GDP(국내 총생산)의 총량은 15조 미국 달러에 이미 달하여, 전 세계 GDP의 20%를 점했고, 동아시아 GDP의 90%를 점했으며, EU(유럽 연합)를 이미 초과하여, 세계적으로 가장 활기찬 지역 중 하나가 되었다.

GDP(Gross Domestic Product) : 국내 총생산. 일정 기간 동안 한 국가에서 생산한 재화와 서비스의 총합.

GNP(Gross National Product) : 국민 총생산. 일정 기간 동안 한 국가의 국민이 국내외에서 생산한 재화와 서비스의 총합.

总量(zǒngliàng) : 명 총(수)량. 전체 수량.

已(yǐ) : 이미. 벌써. 2-6.

达到(dádào) : 동 달성하다. 도달하다. 이르다.

万亿(wànyì) : 수 조(兆). 1,000,000,000,000.

美元(měiyuán) : 명 미국 달러(US dollar). USD.

已经(yǐjīng) : 이미. 1-4.

超过(chāoguò) : 1. 동 초과하다. 넘다.
2. 동 추월하다. 앞지르다.

欧盟(ōuméng) : 명 欧洲联盟(ōuzhōu liánméng)의 약칭. 유럽 연합. European Union. EU.

成为(chéngwéi) : …이〔가〕 되다. …(으)로 되다. 1-5.

世界(shìjiè) : 1. 명 세계. 〔지구상의 모든 곳〕
2. 명 세상. 〔자연계와 인류 사회의 일체 사물의 총화〕
3. 명 인간 세상. 사회.
4. 명 사회의 기풍 · 형세.
5. 명 영역. 범위.
6. 명 (모종의) 정세. 형편.

上(shang) : …(위)에(서). …상. …적으로. 4-6.

世界上(shìjiè shang) : 세계적으로.

最(zuì) : 가장. 제일. 매우. 4-9.

活跃(huóyuè) : 1. 형 활동적이다. 활기 있다. 활기차다.
2. 동 활기를 띠게 하다. 활발하게 하다. 활성화하다.
3. 동 활약하다. 적극적으로 활동하다.

之一(zhīyī) : 명 …중(의) 하나.

8) 但是三国之间的贸易量只占三国对外贸易总量的不足20%，而三国之间的投资额仅占三国对外投资总量的1.3%，内部贸易依存度只有25%，远低于欧盟的63%和北美的40%。

dànshì sān guó zhījiān de màoyìliàng zhǐ zhàn sān guó duìwài màoyì zǒngliàng de bùzú bǎifēnzhī èr shí, ér sān guó zhījiān de tóuzī`é jǐn zhàn sān guó duìwài tóuzī zǒngliàng de bǎifēnzhī yī diǎn sān, nèibù màoyì yīcúndù zhǐ yǒu bǎifēnzhī èr shí wǔ, yuǎn dīyú ōuméng de bǎifēnzhī liù shí sān hé běiměi de bǎifēnzhī sì shí。

그러나 3국 사이의 무역량은 3국 대외 무역 총량의 20% 이하를 단지 점하고, 그리고 3국 사이의 투자액은 3국 대외 투자 총량의 1.3%를 겨우 점할 뿐이며, 내부 무역 의존도는 단지 25%이고, EU의 63%와 북미의 40%보다 매우 낮다.

A) 但是三国之间的贸易量只占三国对外贸易总量的不足20%，

dànshì sān guó zhījiān de màoyìliàng zhǐ zhàn sān guó duìwài màoyì zǒngliàng de bùzú bǎifēnzhī èr shí,

그러나 3국 사이의 무역량은 3국 대외 무역 총량의 20% 이하를 단지 점하고,

贸易量(màoyìliàng) : 명 무역량.

只(zhǐ) : 1. 부 단지. 다만. 오직. 겨우. 한갓.
2. 동 오직〔단지 · 겨우〕 …밖에 없다. 오직 …이다.

只(zhī) : 1. 형 단수의. 단 하나의. 아주 적은. 홑의.
2. 양 마리. 〔주로 날짐승이나 길짐승을 세는 단위〕
3. 양 쪽. 짝. 〔쌍으로 이루어진 것 중 하나를 세는 단위〕

对外(duìwài) : 1. 동 (외부 · 외지 · 외국 등과) 대외적으로 관계를 맺다.
2. 동 (외부 세력 · 간섭 · 압력 등에) 대처하다. 대적하다. 맞서다.
3. 형 대외(의). 대외적인.

贸易(màoyì) : 무역. 3-4.

对外贸易(duìwài màoyì) : 명 대외 무역.

不足(bùzú) : 1. 형 부족하다. 충분하지 않다. 모자라다.
2. 동 부족하다. (일정한 숫자에) 이르지 못하다.
3. 동 …할 가치가 없다. …하기에 부족하다.
4. 동 …할 수 없다. …해서는 안 된다.

不足20% : 20%가 안 되다. 20% 이하이다. → 20% 이하.

占三国对外贸易总量的不足20% : 3국 대외 무역 총량의 20% 이하를 점하다.

B) 而三国之间的投资额仅占三国对外投资总量的1.3%,

ér sān guó zhījiān de tóuzī`é jǐn zhàn sān guó duìwài tóuzī zǒngliàng de bǎifēnzhī yī diǎn sān,

그리고 3국 사이의 투자액은 3국 대외 투자 총량의 1.3%를 겨우 점할 뿐이며,

而(ér) : 그리고. 그러나. 3-10.

投资额(tóuzī`é) : 명 투자액.

仅(jǐn) : 부 겨우. 가까스로. 근근이. 다만. 단지. …뿐.

C) 内部贸易依存度只有25%, 远低于欧盟的63%和北美的40%。

nèibù màoyì yīcúndù zhǐ yǒu bǎifēnzhī èr shí wǔ, yuǎn dīyú ōuméng de bǎifēnzhī liù shí sān hé běiměi de bǎifēnzhī sì shí。

내부 무역 의존도는 단지 25%이고, EU의 63%와 북미의 40%보다 매우 낮다.

内部(nèibù) : 명 내부.
依存度(yīcúndù) : 명 의존도.
远(yuǎn) : 1. 형 (공간적 · 시간적으로) 멀다.
2. 형 (사이가) 멀다. 소원하다.
3. 형 (차이가) 크다. 많다. 심하다. 처지다. → 매우. 심하게.
4. 동 멀리하다. 가까이하지 않다.
低于(dīyú) : 밑돌다.
低于成本(dīyú chéngběn) : 원가이하.
低于人类的(dīyú rénlèidė) : 인간 이하의. 인간보다 하위의. 유인원의.
远低于 : …보다 매우 낮다.

9) 由于中日韩三国地缘相近，且经济总量十分巨大，如果在未来能够形成真正意义上的自由贸易区，逐步现实货物·人员·资本的自由来往，将全面促进各国的产业调整和经济发展，大幅提升消费者福利，并对东亚地区的一体化进程产生引领作用，对亚洲乃至对世界的影响巨大。

yóuyú zhōng rì hán sān guó dìyuán xiāngjìn, qiě jīngjì zǒngliàng shífēn jùdà, rúguǒ zài wèilái nénggòu xíngchéng zhēnzhèng yìyì shang de zìyóu màoyìqū, zhúbù xiànshí huòwù · rényuán · zīběn de zìyóu wǎnglái, jiāng quánmiàn cùjìn gèguó de chǎnyè tiáozhěng hé jīngjì fāzhǎn, dàfú tíshēng xiāofèizhě fúlì, bìng duì dōngyà dìqū de yìtǐhuà jìnchéng chǎnshēng yǐnlǐng zuòyòng, duì yàzhōu nǎizhì duì shìjiè de yǐngxiǎng jùdà。

중국 · 일본 · 한국 3국은 지리적으로 가깝고, 또한 경제 총량이 매우 거대하기 때문에, 만약 미래에 진정한 의미의 자유무역지역을 형성하여, 점차 화물 · 인원 · 자본의 자유 왕래를 실현할 수 있다면, 장차 각국의 산업 조정과 경제 발전을 전면적으로 촉진시키고, 소비자의 복지를 대폭 향상시키며, 또 동아시아지역의 일체화 진행과정에 대해 인도적인 역할이 생기고, 아시아에 대한 더 나아가서 세계에 대한 영향이 거대할 것이다.

A) 由于中日韩三国地缘相近，且经济总量十分巨大，

yóuyú zhōng rì hán sān guó dìyuán xiāngjìn, qiě jīngjì zǒngliàng shífēn jùdà,
중국 · 일본 · 한국 3국은 지리적으로 가깝고, 또한 경제 총량이 매우 거대하기 때문에,

由于(yóuyú) : 1. 개 …때문에. …(으)로 인하여.
〔동작 행위의 원인이나 이유를 이끌어 냄〕
2. 접 …때문에. …(으)로 인하여. 〔복문에서 원인을 나타냄〕

地缘(dìyuán) : 명 지연.

相近(xiāngjìn) : 형 비슷하다. 접근하다. 근사하다. 가깝다. 멀지 않다.

地缘相近 : 지연이 가깝다 → 지리적으로 가깝다.

且(qiě) : 그 위에. 더욱이. 게다가. 또한. 2-6.

十分(shífēn) : 부 매우. 아주. 대단히. 충분히.

巨大(jùdà) : 형 (규모 · 수량 등이) 아주 크다〔많다〕. 거대하다.

B) 如果在未来能够形成真正意义上的自由贸易区，逐步现实货物·人员·资本的自由来往，

rúguǒ zài wèilái nénggòu xíngchéng zhēnzhèng yìyì shang de zìyóu màoyìqū, zhúbù xiànshí huòwù · rényuán · zīběn de zìyóu wǎnglái,

만약 미래에 진정한 의미의 자유무역지역을 형성하여, 점차 화물 · 인원 · 자본의 자유 왕래를 실현할 수 있다면,

如果(rúguǒ) : 접 만약. 만일.

在(zài) : …에(서). …에 있어서. 1-3.

未来(wèilái) : 1. 명 미래. 미래의. 향후.
2. 형 머지않은. 곧 다가오는 (시간). 조만간. 〔시간을 가리킴〕

在未来 : 미래에(서).

能够(nénggòu) : 1. 동 …할 수 있다.
2. 동 …해도 된다.
3. 동 …에 쓰인다. …에 효과가 있다.

形成(xíngchéng) : 형성되다. 2-6.

真正(zhēnzhèng) : 1. 형 진정한. 참된. 순수한. 진짜의. 명실상부한.
2. 부 정말로. 진짜로. 확실히. 참으로. 진실로.
〔행위나 상황에 대한 긍정으로, 确实에 상당함〕

意义(yìyì) : 1. 명 의의. 의미. 뜻.
2. 명 의의. 작용. 가치.

真正意义上的 : 진정한 의미에서의.

逐步(zhúbù) : 점차. 점진적으로. 단계적으로. 2-6.

现实(xiànshí) : 1. 명 현실.

2. 형 현실적이다.

→ 实现(shíxiàn) : 동 실현하다. 달성하다.

现实化(xiànshíhuà) : 명 현실화, 실현.

货物(huòwù) : 화물. 상품. 물품. 3-4.

人员(rényuán) : 인원. 요원. 1-6.

资本(zīběn) : 자본. 1-4.

自由(zìyóu) : 1. 형 자유롭다.

2. 명 자유.

往来(wǎnglái) : 1. 동 왕래하다. 오가다. 왔다 갔다 하다. → 왕래.

2. 동 방문하다. 교제하다. 주고받다. 교환하다. 사귀다. 거래하다.

C) 将全面促进各国的产业调整和经济发展，大幅提升消费者福利，并对东亚地区的一体化进程产生引领作用，对亚洲乃至对世界的影响巨大。

jiāng quánmiàn cùjìn gèguó de chǎnyè tiáozhěng hé jīngjì fāzhǎn, dàfú tíshēng xiāofèizhě fúlì, bìng duì dōngyà dìqū de yìtǐhuà jìnchéng chǎnshēng yǐnlǐng zuòyòng, duì yàzhōu nǎizhì duì shìjiè de yǐngxiǎng jùdà。

장차 각국의 산업 조정과 경제 발전을 전면적으로 촉진시키고, 소비자의 복지를 대폭 향상시키며, 또 동아시아지역의 일체화 진행과정에 대해 인도적인 역할이 생기고, 아시아에 대한 더 나아가서 세계에 대한 영향이 거대할 것이다.

将(jiāng) : 장차. …하게 될 것이다. 1-4.

※ 将은 시간 부사로서, 아래 서술어 全面促进, 大幅提升, 产生, 巨大 등에 모두 연관되어 있다.

促进(cùjìn) : 동 촉진시키다. 촉진하다. 재촉하다. 독촉하다.

各国(gèguó) : 명 각국. 각 나라.

产业(chǎnyè) : 1. 명 산업.

2. 명 공업.

3. 명 (건물・토지・공장・광산 등 주로 개인 소유의) 부동산.

调整(tiáozhěng) : 동 조정하다. 조절하다. → 조정. 조절.

大幅(dàfú) : 1. 형 (옷감의) 폭이 넓다.
2. 형 (그림・표어 등의) 면적이 넓다.
3. 형 대폭의. 대폭적인.

提升(tíshēng) : 1. 동 진급하다. 진급시키다. 발탁〔등용〕하다. → 향상시키다.
2. 동 (권양기 따위로 광물・재료 등을) 높은 곳으로 운반하다.

消费者(xiāofèizhě) : 명 소비자.

福利(fúlì) : 1. 명 복지. 복리.
2. 명 (직장인들을 위한 숙식・의료・문화 등의) 후생 복지.
3. 동 복리〔복지〕를 증진시키다.

并(bìng) : 그리고. 또. 아울러. 게다가. 2-5.

对(duì) : …에 대해(서). …에 대하여. 1-4.

产生(chǎnshēng) : 생기다. 발생하다. 나타나다. 출현하다. 2-11.

引领(yǐnlǐng) : 1. 동 인도하다. 이끌다. 인솔하다. → 인도. 인솔.
2. 동 고개를 내밀다. 목을 빼들다.

作用(zuòyòng) : 작용. 영향. 효과. 역할. 1-3.

引领作用 : 인도적인 역할. 인솔(하는) 역할.

亚洲(yàzhōu) : 명 아시아주.

乃至(nǎizhì) : 접 더 나아가서. 심지어.

影响(yǐngxiǎng) : 1. 동 영향을 주다〔끼치다〕.
2. 명 영향. *

4. 번역 동아시아 경제의 일체화

중국 · 일본 · 한국 자유무역지역은 동아시아 경제 일체화의 관건이다

동아시아 경제의 일체화는 여러 방법의 선택에 직면하고 있다. 중국 · 한국, 중국 · 일본 · 한국, 동남아국가연합(ASEAN) 10개 국가와 중국 · 한국 · 일본 · 인도 · 호주 · 뉴질랜드 사이의 10+1 자유무역협정, 동남아국가연합과 그 자유무역 동반자 사이의 "역내 포괄적 경제 동반자 협정"(RCEP), 모두가 각자의 방식으로 동아시아 경제 일체화의 진행과정을 추진하고 있다. 과거의 20년 동안, 동아시아 국가는 모두 63개 자유무역협정에 서명했고, 전 세계의 30%를 점했다. 그 가운데 31개는 동아시아 국가 사이에 서명한 것이고, 32개는 동아시아 이외의 국가와 서명한 것이다.

그러나 구미 · 북미 자유무역지역과는 다소 다른 점이 있다. 동아시아지역은 역사 문제와 영토주권 논쟁으로 인해, 줄곧 지역 공동체 의식이 결핍되어, 국가 사이 경제발전 전략의 상호 신뢰도가 비교적 낮게 만들어졌고, 이것이 동아시아지역 협력의 최대 장애물이다. 중국 · 일본 · 한국은 이 지역의 3개 대국으로서, GDP(국내 총생산)의 총량은 15조 미국 달러에 이미 달하여, 전 세계 GDP의 20%를 점했고, 동아시아 GDP의 90%를 점했으며, EU(유럽 연합)를 이미 초과하여, 세계적으로 가장 활기찬 지역 중 하나가 되었다.

그러나 3국 사이의 무역량은 3국 대외 무역 총량의 20% 이하를 단지 점하고,

그리고 3국 사이의 투자액은 3국 대외 투자 총량의 1.3%를 겨우 점할 뿐이며, 내부 무역 의존도는 단지 25%이고, EU의 63%와 북미의 40%보다 매우 낮다. 중국·일본·한국 3국은 지리적으로 가깝고, 또한 경제 총량이 매우 거대하기 때문에, 만약 미래에 진정한 의미의 자유무역지역을 형성하여, 점차 화물·인원·자본의 자유 왕래를 실현할 수 있다면, 장차 각국의 산업 조정과 경제 발전을 전면적으로 촉진시키고, 소비자의 복지를 대폭 향상시키며, 또한 동아시아지역의 일체화 진행 과정에 대해 인도적 역할이 생기고, 아시아에 대한 더 나아가서 세계에 대한 영향이 거대할 것이다. *

第六课

温州金融改革

第六课 温州金融改革

1. 원문 温州金融改革试验区

国务院总理温家宝28日主持召开国务院常务会议，决定设立温州市金融综合改革试验区。会议确定了温州市金融综合改革的十二项主要任务：

1.规范发展民间融资。2.加快发展新型金融组织。3.发展专业资产管理机构。4.研究开展个人境外直接投资试点。5.深化地方金融机构改革。6.创新发展面向小微企业和“三农”的金融产品服务。7.培育发展地方资本市场。8.积极发展各类债券产品。

9.创新保险：拓宽保险服务领域，创新发展服务于专业市场和产业集群的保险产品，鼓励和支持商业保险参与社会保障体系建设。

10.信用监管：加强社会信用体系建设。推进政务诚信·商务诚信·社会诚信和司法公信建设，推动小微企业和农村信用体系建设。加强信用市场监管。

11.金融监管：完善地方金融管理体制，防止出现监管真空，防范系统性风险和区域性风险。建立金融业综合统计制度。

12.政府责任：建立金融综合改革风险防范机制。强化和落实地方政府处置金融风险和维护地方金融稳定的责任。

反应：有力支持开拓新路

温州是民营经济比较集中·发达的地区，相对来说接受现有金融体制服务的难度比较大，解决民间资金多·投资难，中小企业多·融资难之"两多两难"的问题比较弱，国务院对温州金融改革的有力支持使我们开拓出一条新路。此项改革不仅对温州·浙江，也对全国推进金融改革具有重大的意义。我们一定要很好地贯彻落实国务院的精神，全力以赴把试点工作做好。--浙江省副省长·温州市委书记陈德荣。

출처: 新华网. http://www.cq.xinhuanet.com/2012-03/29/c_111715612.htm

2. 발음 dì liù kè wēnzhōu jīnróng gǎigé

wēnzhōu jīnróng gǎigé shìyànqū

guówùyuàn zǒnglǐ Wēn Jiābǎo èr shí bā rì zhǔchí zhàokāi guówùyuàn chángwù huìyì, juédìng shèlì wēnzhōu shì jīnróng zōnghé gǎigé shìyànqū。huìyì quèdìng le wēnzhōu shì jīnróng zōnghé gǎigé de shí èr xiàng zhǔyào rènwu：
1.guīfàn fāzhǎn mínjiān róngzī。 2.jiākuài fāzhǎn xīnxíng jīnróng zǔzhī。 3.fāzhǎn zhuānyè zīchǎn guǎnlǐ jīgòu。 4.yánjiū kāizhǎn gèrén jìngwài zhíjiē tóuzī shìdiǎn。 5.shēnhuà dìfāng jīnróng jīgòu gǎigé。 6.chuàngxīn fāzhǎn miànxiàng xiǎowēi qǐyè hé "sānnóng" de jīnróng chǎnpǐn fúwù。 7.péiyù fāzhǎn dìfāng zīběn shìchǎng。 8.jījí fāzhǎn gèlèi zhàiquàn chǎnpǐn。

9.chuàngxīn bǎoxiǎn：tuòkuān bǎoxiǎn fúwù lǐngyù, chuàngxīn fāzhǎn fúwù yú zhuānyè shìchǎng hé chǎnyè jíqún de bǎoxiǎn chǎnpǐn, gǔlì hé zhīchí shāngyè bǎoxiǎn cānyǔ shèhuì bǎozhàng tǐxì jiànshè。

10.xìnyòng jiānguǎn：jiāqiáng shèhuì xìnyòng tǐxì jiànshè。tuījìn zhèngwù chéngxìn・shāngwù chéngxìn・shèhuì chéngxìn hé sīfǎ gōngxìn jiànshè，tuīdòng xiǎowēi qǐyè hé nóngcūn xìnyòng tǐxì jiànshè。jiāqiáng xìnyòng shìchǎng jiānguǎn。

11.jīnróng jiānguǎn：wánshàn dìfāng jīnróng guǎnlǐ tǐzhì，fángzhǐ chūxiàn jiānguǎn zhēnkōng，fángfàn xìtǒngxìng fēngxiǎn hé qūyùxìng fēngxiǎn。jiànlì jīnróngyè zōnghé tǒngjì zhìdù。

12.zhèngfǔ zérèn：jiànlì jīnróng zōnghé gǎigé fēngxiǎn fángfàn jīzhì。qiánghuà hé luòshí dìfāng zhèngfǔ chǔzhì jīnróng fēngxiǎn hé wéihù dìfāng jīnróng wěndìng de zérèn。

fǎnyìng：yǒulì zhīchí kāituò xīnlù

wēnzhōu shì mínyíng jīngjì bǐjiào jízhōng・fādá de dìqū, xiāngduì láishuō jiēshòu xiànyǒu jīnróng tǐzhì fúwù de nándù bǐjiào dà，jiějué mínjiān zījīn duō・tóuzī nán，zhōngxiǎo qǐyè duō・róngzī nán zhī “liǎng duō liǎng nán” de wèntí bǐjiào ruò，guówùyuàn duì wēnzhōu jīnróng gǎigé de yǒulì zhīchí shǐ wǒmen kāituò chū yìtiáo xīnlù。cǐ xiàng gǎigé bùjǐn duì wēnzhōu・zhèjiāng，yě duì quánguó tuījìn jīnróng gǎigé jùyǒu zhòngdà de yìyì。wǒmen yídìng yào hěnhǎodi guànchè luòshí guówùyuàn de jīngshén，quánlìyǐfù bǎ shìdiǎn gōngzuò zuòhǎo。--zhèjiāng shěng fùshěngzhǎng・wēnzhōu shìwěi shūjì Chén Déróng。

3. 해설 원저우 금융개혁

1) 温州金融改革
wēnzhōu jīnróng gǎigé
원저우 금융개혁

温州(wēnzhōu) : 명 원저우. 온주. 절강성 온주시. 3-11.
金融(jīnróng) : 명 금융.
改革(gǎigé) : 개혁. 2-9.

2) 温州金融改革试验区
wēnzhōu jīnróng gǎigé shìyànqū
원저우 금융개혁 시범지구

试验区(shìyànqū) : 명 시범지구. 시험지구.
试验(shìyàn) : 시험. 시험하다. 3-3.

3) 国务院总理温家宝28日主持召开国务院常务会议，决定设立温州市金融综合改革试验区。
guówùyuàn zǒnglǐ Wēn Jiābǎo èr shí bā rì zhǔchí zhàokāi guówùyuàn chángwù huìyì, juédìng shèlì wēnzhōu shì jīnróng zōnghé gǎigé shìyànqū。
국무원 총리 원 자바오는 28일 국무원 상무회의를 소집하여 주재하고, 원저우시 금융종합개혁 시범지구의 설치를 결정했다.

国务院(guówùyuàn)：국무원. 2-10.

总理(zǒnglǐ)：1. 명 중국 국무원의 수장(首长). 총리.
2. 명 (국가의) 총리.
3. 명 일부 기관 · 기업의 책임자. 사장.
4. 명 (정당의) 총재. 대표. 지도자.
5. 동 전체를 관리하다. 총관하다.

温家宝(Wēn Jiābǎo)：Wen Jiabao. 원 자바오. 당시 중국 국무원 총리.

主持(zhǔchí)：1. 동 주관하다. 주재하다. 사회를 보다.
2. 동 주장하다. 지지하다. 옹호하다.

召开(zhàokāi)：동 (회의를) 열다. 개최하다. 소집하다.

常务(chángwù)：상무. 상무의. 상임의. 2-3.

会议(huìyì)：회의. 2-9.

决定(juédìng)：결정하다. 3-4.

设立(shèlì)：동 (기구 · 조직 등을) 설립하다. 건립하다.

市(shì)：1. 명 도시.
2. 명 (행정 구역 단위의) 시. 〔직할시와 성할시 또는 자치구시로 나뉨〕
3. 명 시장. 장. 저자.
4. 명 시장 거래 가격. 시가. 시세.

温州市(wēnzhōu shì)：원저우시. 온주시. 절강성 온주시. 3-11.

综合(zōnghé)：1. 동 종합하다. → 종합.
2. 동 통괄하다. 총괄하다. → 통괄. 총괄.

4) 会议确定了温州市金融综合改革的十二项主要任务：

huìyì quèdìng le wēnzhōu shì jīnróng zōnghé gǎigé de shí èr xiàng zhǔyào rènwu：

회의는 원저우시 금융종합개혁의 12항 주요 임무를 확정했다:

确定(quèdìng)：1. 동 확정하다. 확실히 결정을 내리다.
2. 형 확정적이다. 확고하다.

了(le)：동사 · 형용사 뒤에서 동작 · 변화가 이미 완료되었음을 나타냄. 5-4.

项(xiàng) : 항. 항목. 조항. 1-4.
主要(zhǔyào) : 주요한. 주된. 2-11.
任务(rènwu) : 임무. 책무. 1-8.

5) 1. 规范发展民间融资。
1. guīfàn fāzhǎn mínjiān róngzī。
1. 민간 융자를 규범적으로 발전시킨다.

规范(guīfàn) : 규범. → 규범적으로. 2-6.
发展(fāzhǎn) : 발전시키다. 발전하다. 발전. 1-6.
民间(mínjiān) : 민간. 사적. 1-1.
融资(róngzī) : 융자. 2-6.

6) 2. 加快发展新型金融组织。
2. jiākuài fāzhǎn xīnxíng jīnróng zǔzhī。
2. 신형 금융조직을 빠르게 발전시킨다.

加快(jiākuài) : 1. 동 속도〔스피드〕를 올리다. 빠르게 하다. → 빠르게.
2. 동 완행 기차표를 급행 기차표로 바꾸다.
新型(xīnxíng) : 형 신형의. 신식의.
组织(zǔzhī) : 1. 동 조직하다. 구성하다. 결성하다.
2. 명 조직.
3. 명 조직. 계통. 시스템.

7) 3. 发展专业资产管理机构。
3. fāzhǎn zhuānyè zīchǎn guǎnlǐ jīgòu。
3. 전문 자산관리기구를 발전시킨다.

专业(zhuānyè) : 1. 명 전공.
2. 명 전문. 〔특정 분야를 가리킴〕
3. 형 전문의.

资产(zīchǎn) : 자산. 재산. 1-5.

管理(guǎnlǐ) : 관리. 관리하다. 3-3.

机构(jīgòu) : 명 기구.

8) 4.研究开展个人境外直接投资试点。
4. yánjiū kāizhǎn gèrén jìngwài zhíjiē tóuzī shìdiǎn。
4. 개인 해외직접투자의 시범 시행을 연구하여 전개한다.

研究(yánjiū) : 연구하다. 연구. 4-4.

开展(kāizhǎn) : 전개하다. 펼치다. 2-5.

个人(gèrén) : 개인. 3-11.

境外(jìngwài) : 해외. 국외. 역외. 3-3.

直接(zhíjiē) : 직접적인. 3-11.

投资(tóuzī) : 투자. 투자하다. 1-1.

试点(shìdiǎn) : 시범 시행. 시범지구. 3-3.

9) 5.深化地方金融机构改革。
5. shēnhuà dìfāng jīnróng jīgòu gǎigé。
5. 지방 금융기관의 개혁을 심화시킨다.

深化(shēnhuà) : 심화시키다. 심화하다. 3-9.

地方(dìfāng) : 지방. 1-6.

10) 6.创新发展面向小微企业和"三农"的金融产品服务。

6. chuàngxīn fāzhǎn miànxiàng xiǎowēi qǐyè hé "sānnóng" de jīnróng chǎnpǐn fúwù。

6. 소형 · 영세 기업과 3농을 향한 금융상품서비스를 혁신적으로 발전시킨다.

创新(chuàngxīn) : 1. 명 창의성. 창조성. 창의.
2. 동 옛것을 버리고 새것을 창조하다. 혁신하다. → 혁신적으로.

面向(miànxiàng) : 동 …에 직면하다. …로 향하다.

微(wēi) : 1. 형 작다. 적다. 경미하다. 미약하다. 사소하다. 잘다.
2. 형 (지위가) 낮다. 미천하다. 비천하다.
3. 형 정묘하다. 오묘하다.
4. 동 쇠락하다. 쇠퇴하다. 쇠(미)해지다. 몰락하다. 떨어지다.
5. 부 약간. 조금. 살짝.

小微(xiǎowēi) : 작다. 적다. 소형. 소규모.

企业(qǐyè) : 기업. 1-6.

小微企业(xiǎowēi qǐyè) : The small and micro enterprise. 小型企业(소형기업) · 微型企业(영세기업) · 家庭作坊式企业(가내수공업) · 个体工商户(자영업) 등 경제규모가 작은 기업을 통칭한다. 소형 · 영세 기업.

三农(sānnóng) : 명 농업 · 농촌 · 농민.

产品(chǎnpǐn) : 명 상품. 생산품. 제품.

服务(fúwù) : 서비스. 봉사하다. 2-8.

11) 7.培育发展地方资本市场。

7. péiyù fāzhǎn dìfāng zīběn shìchǎng。

7. 지방의 자본시장을 육성하여 발전시킨다.

培育(péiyù) : 1. 동 기르다. 재배하다. 키우다.
2. 동 양성하다. 육성하다. 기르다. 키우다.

资本(zīběn) : 자본. 밑천. 1-4.

市场(shìchǎng) : 시장. 3-9.

12) 8. 积极发展各类债券产品。

8. jījí fāzhǎn gèlèi zhàiquàn chǎnpǐn。

8. 여러 종류의 채권상품을 적극적으로 발전시킨다.

积极(jījí) : 적극적이다. → 적극적으로. 2-11.

各类(gèlèi) : 형 각〔여러〕 종류의. 모든 부문〔영역 · 방면〕의.

债券(zhàiquàn) : 1. 명 채권. 〔공채나 국채〕

2. 명 채권. 〔회사채나 사채권〕

13) 9. 创新保险：拓宽保险服务领域，创新发展服务于专业市场和产业集群的保险产品，鼓励和支持商业保险参与社会保障体系建设。

9. chuàngxīn bǎoxiǎn : tuòkuān bǎoxiǎn fúwù lǐngyù, chuàngxīn fāzhǎn fúwù yú zhuānyè shìchǎng hé chǎnyè jíqún de bǎoxiǎn chǎnpǐn, gǔlì hé zhīchí shāngyè bǎoxiǎn cānyǔ shèhuì bǎozhàng tǐxì jiànshè。

9. 보험 혁신: 보험서비스의 영역을 확장하고, 전문시장과 산업클러스터에 봉사하는 보험상품을 혁신적으로 발전시키며, 상업 보험이 사회보장체계 수립에 참여하도록 격려하고 지지한다.

保险(bǎoxiǎn) : 1. 명 보험.

2. 명 안전 장치.

3. 형 안전하다. 믿음직스럽다.

创新保险 : 보험을 혁신하다 → 보험 혁신.

拓宽(tuòkuān) : 확장하다. 1-9.

领域(lǐngyù) : 영역. 분야. 1-4.

于(yú) : 1. 개 …에. …에서. 〔처소 · 범위 · 시간을 이끌어 내며, 在에 상당함〕

2. 개 …에. …에게. 〔대상을 이끌어 내며, 向에 상당함〕

3. 개 …에. …에 대해. 〔대상을 이끌어 내며, 对 · 对于에 상당함〕

4. 개 …에. …에게. 〔대상을 이끌어 내며, 给에 상당함〕

5. 개 …보다. 〔비교의 대상을 이끌어 냄〕

6. 개 …에서. …(에서)부터. 〔출처을 이끌어 내며, 从 · 自에 상당함〕

7. 개 …에게 (…되다). 〔행위의 주동자를 이끌어 냄〕
8. 개 …에. …로. 〔방향이나 목표를 이끌어 냄〕
9. 개 …에. …하기에. 〔분야나 원인 · 목적을 이끌어 냄〕
10. 접 …에. 〔동사 뒤에 쓰임〕
11. 접 …(하기)에. 〔형용사 뒤에 쓰임〕

服务于(fúwù yú) : …에 봉사하다.

产业(chǎnyè) : 산업. 공업. 5-9.

集群(jíqún) : 1. 명 클러스터(cluster). 상호 작용을 통하여 새로운 지식과 기술을 창출 할 수 있도록 기업, 대학, 연구소 따위를 모아 놓은 지역.
2. 동 무리를 이루다. 떼를 짓다.

鼓励(gǔlì) : 격려하다. 1-2.

支持(zhīchí) : 지지하다. 3-9.

商业(shāngyè) : 명 상업. 비즈니스.

参与(cānyǔ) : 동 참여하다. 참가하다. 가담하다. 개입하다.

社会(shèhuì) : 사회. 2-11.

保障(bǎozhàng) : 보장. 보증. 보장하다. 보증하다. 2-5.

体系(tǐxì) : 명 체계.

建设(jiànshè) : 수립(하다). 건설(하다). → 수립. 건설. 1-4.

支持商业保险参与社会保障体系建设 : 상업 보험이 사회보장체계 수립에 참여하는 것을 지지한다. → 상업 보험이 사회보장체계 수립에 참여하도록 지지한다.

14) 10.信用监管：加强社会信用体系建设。推进政务诚信·商务诚信·社会诚信和司法公信建设，推动小微企业和农村信用体系建设。加强信用市场监管。

10. xìnyòng jiānguǎn : jiāqiáng shèhuì xìnyòng tǐxì jiànshè。tuījìn zhèngwù chéngxìn · shāngwù chéngxìn · shèhuì chéngxìn hé sīfǎ gōngxìn jiànshè, tuīdòng xiǎowēi qǐyè hé nóngcūn xìnyòng tǐxì jiànshè。jiāqiáng xìnyòng shìchǎng jiānguǎn。

10. 신용 감독관리: 사회신용체계의 수립을 강화한다. 정무 성실 · 신용과 상무 성실 · 신용과 사회 성실 · 신용 및 사법 대중신뢰의 수립을 추진하고, 소형 · 영세 기업과 농촌 신용체계의 수립을 촉진한다. 신용시장의 감독관리를 강화한다.

信用(xìnyòng) : 1. 명 신용.
2. 동 신용하다.
3. 동 신임하여 중용하다. 믿고 채용하다.
4. 형 신용의. 무담보의.

监管(jiānguǎn) : 감독관리하다. → 감독관리. 2-9.

加强(jiāqiáng) : 강화하다. 증강하다. 2-3.

推进(tuījìn) : 추진하다. 추진시키다. 1-6.

政务(zhèngwù) : 1. 명 정무.
2. 명 국가의 관리 업무.

诚信(chéngxìn) : 1. 명 성실・신용.
2. 형 성실하다. 신용을 지키다.

商务(shāngwù) : 명 상무. 상업상의 용무〔사무〕.

司法(sīfǎ) : 명 사법.

公信(gōngxìn) : 公众信任(gōngzhòng xìnrèn). 대중신뢰.

公信力(gōngxìnlì) : 명 공신력.

推动(tuīdòng) : 촉진하다. 추진하다. 2-3.

农村(nóngcūn) : 명 농촌.

15) 11.金融监管：完善地方金融管理体制，防止出现监管真空，防范系统性风险和区域性风险。建立金融业综合统计制度。

11. jīnróng jiānguǎn : wánshàn dìfāng jīnróng guǎnlǐ tǐzhì, fángzhǐ chūxiàn jiānguǎn zhēnkōng, fángfàn xìtǒngxìng fēngxiǎn hé qūyùxìng fēngxiǎn。jiànlì jīnróngyè zōnghé tǒngjì zhìdù。

11. 금융 감독관리: 지방 금융관리체제를 완벽하게 하고, 감독관리 진공의 출현을 방지하며, 체계적 위험과 지역적 위험을 예방한다. 금융업 종합통계제도를 수립한다.

完善(wánshàn) : 완벽하게 하다. 완전하게 하다. 2-5.

体制(tǐzhì) : 체제. 제도. 2-8.

防止(fángzhǐ) : 방지하다. 2-7

出现(chūxiàn) : 1. 동 출현하다. 나타나다.
2. 동 만들어 내다. 생산해 내다. 나오다.

真空(zhēnkōng) : 1. 명 진공.
2. 명 진공인 공간.
3. 명 사회와 격리된 환경. 아무도 없는 공간.

出现监管真空 : 감독관리의 진공이 출현하다 → 감독관리 진공의 출현.

防范(fángfàn) : 방비하다. 예방하다. 2-5.

系统(xìtǒng) : 1. 명 계통. 체계. 시스템.
2. 형 계통적이다. 체계적이다.

系统性(xìtǒngxìng) : 1. 명 계통성. 체계성.
2. 형 계통적(인). 체계적(인).

风险(fēngxiǎn) : 위험. 모험. 2-5.

系统性风险(xìtǒngxìng fēngxiǎn) : 명 체계적 위험.

区域性(qūyùxìng) : 1. 명 지역성.
2. 형 지역적(인).

建立(jiànlì) : 건립하다. 수립하다. 2-5.

金融业(jīnróngyè) : 명 금융업.

统计(tǒngjì) : 1. 동 통계하다.
2. 명 통계.
3. 동 합산하다. 합계하다.

制度(zhìdù) : 제도. 규칙. 3-5.

16) 12. 政府责任：建立金融综合改革风险防范机制。强化和落实地方政府处置金融风险和维护地方金融稳定的责任。

12. zhèngfǔ zérèn : jiànlì jīnróng zōnghé gǎigé fēngxiǎn fángfàn jīzhì。qiánghuà hé luòshí dìfāng zhèngfǔ chǔzhì jīnróng fēngxiǎn hé wéihù dìfāng jīnróng wěndìng de zérèn。

12. 정부 책임: 금융종합개혁 위험예방 메커니즘을 수립한다. 금융 위험을 처리하고 지방 금융 안정을 유지하는 지방정부의 책임을 강화하고 실현시킨다.

政府(zhèngfǔ) : 정부. 1-3.

责任(zérèn) : 1. 명 책임.

2. 명 마땅히 책임져야 할 과실. 책임 소재.

机制(jīzhì) : 메커니즘. 체제. 시스템. 2-5.

强化(qiánghuà) : 동 강화하다. 강하고 공고하게 하다.

落实(luòshí) : 1. 동 (정책・계획・조치 따위가) 실현되다. 구체화되다. 확정되다.

2. 동 실현시키다. 현실화시키다. 구체화하다.

处置(chǔzhì) : 1. 동 처치하다. 징벌하다. 처분하다. 처벌하다.

2. 동 처리하다.

维护(wéihù) : 동 유지하고 보호하다. 지키다. 옹호〔수호〕하다.

稳定(wěndìng) : 1. 형 안정되다. → 안정.

2. 형 변화가 없다. 안정적이다.

3. 동 진정시키다. 가라앉히다.

地方政府处置金融风险和维护地方金融稳定的责任 : 지방정부가 금융 위험을 처리하고 지방 금융 안정을 유지하는 책임 → 금융 위험을 처리하고 지방 금융 안정을 유지하는 지방정부의 책임.

17) 反应 : 有力支持开拓新路

fǎnyìng : yǒulì zhīchí kāituò xīnlù

반응: 새 길의 개척을 강력히 지지하다

反应(fǎnyìng) : 명 반응.

有力(yǒulì) : 힘이 있게. 강력히. 2-12.

开拓(kāituò) : 1. 동 개척하다. 개간하다. 확장하다.

2. 동 채굴에 앞서 갱도 건설 등의 준비 작업을 하다.

新路(xīnlù) : 명 새 길.

开拓新路 : 새 길을 개척하다 → 새 길의 개척.

18) 温州是民营经济比较集中·发达的地区，相对来说接受现有金融体制服务的难度比较大，解决民间资金多·投资难，中小企业多·融资难之“两多两难”的问题比较弱，

wēnzhōu shì mínyíng jīngjì bǐjiào jízhōng · fādá de dìqū, xiāngduì láishuō jiēshòu xiànyǒu jīnróng tǐzhì fúwù de nándù bǐjiào dà, jiějué mínjiān zījīn duō · tóuzī nán, zhōngxiǎo qǐyè duō · róngzī nán zhī “liǎng duō liǎng nán” de wèntí bǐjiào ruò,

원저우는 민영경제가 비교적 집중되고 발달한 지역이며, 상대적으로 말하자면 현행 금융체제서비스의 난이도가 비교적 큰 것을 수용하며, 민간자금이 많고 투자가 어려우며, 중소기업은 많고 융자가 어려운 “2다2난”의 문제가 비교적 약한 것을 해결하여,

民营(mínyíng) : 민영. 1-6.

经济(jīngjì) : 경제. 1-8.

比较(bǐjiào) : 비교적. 상대적으로. 4-5.

集中(jízhōng) : 집중되다. 집중하다. 집중된. 집결된. 4-5.

发达(fādá) : 발달하다. 발달시키다. 4-9.

地区(dìqū) : 지역. 지구. 2-6.

相对(xiāngduì) : 1. 부 비교적. 상대적으로.
2. 형 상대적이다.
3. 동 마주하다. 상대하다.

来说(láishuō) : …으로 말할 것 같으면. …으로 말하자면.

接受(jiēshòu) : 받아들이다. 수용하다. 2-7.

现有(xiànyǒu) : 동 현재 있다. 현존하다. 지금 존재하다〔있다〕.

难度(nándù) : 명 (작업이나 기술의) 난이도. 난도.

解决(jiějué) : 1. 동 해결하다. 풀다.
2. 동 없애다. 제거하다.

资金(zījīn) : 자금. 3-10.

难(nán) : 1. 형 어렵다. 힘들다. 곤란하다.
2. 형 좋지 않다. 나쁘다. 흉하다.
3. 형 …하기 어렵다〔힘들다〕. 가능성이 희박하다.
4. 동 어렵게〔힘들게〕 하다. 난처하게〔곤란하게〕 하다.

中小企业(zhōngxiǎo qǐyè) : 명 중소기업.

两多两难(liǎng duō liǎng nán) : 2다2난. 두 가지는 많고, 두 가지는 어렵다.

→ 이 문장에서는 민간자금과 중소기업이 많고, 투자와 융자가 어렵다.

问题(wèntí) : 문제. 2-6.

弱(ruò) : 약하다. 허약하다. 2-6.

19) 国务院对温州金融改革的有力支持使我们开拓出一条新路。

guówùyuàn duì wēnzhōu jīnróng gǎigé de yǒulì zhīchí shǐ wǒmen kāituò chū yìtiáo xīnlù。

국무원의 원저우 금융개혁에 대한 강력한 지지는 우리로 하여금 새 길을 개척해 내도록 만든다.

对(duì) : …에 대해(서). …에 대하여. 1-4.

使(shǐ) : 1. 동 (…에게) …시키다. …하게 하다.
2. 동 파견하다. 사람을 보내다.
3. 동 사용하다. 쓰다.
4. 명 외교관.
5. 동 사신이 되어 나가다. 사신으로 가다.

出(chū) : 1. 동 (동사 뒤에 쓰여) 안에서 밖으로 향함을 나타냄.
2. 동 (동사 뒤에 쓰여) 드러나거나 완성됨을 나타냄.
3. 동 (형용사 뒤에 쓰여) 초과를 나타냄.
4. 동 나가다. 나오다.
5. 동 나타나다. 드러나다.
6. 동 내다. 발산하다.

开拓出(kāituò chū) : 개척해 내다.

条(tiáo) : 1. 양 줄기. 가닥. 갈래. 〔지형 · 구조물 등의 가늘고 긴 것을 세는 단위〕
2. 양 개. 오리. 〔생활용품 · 도구와 관련된 것을 세는 단위〕
3. 양 사람의 인체 · 목숨 · 운명과 관련된 것을 세는 단위.
4. 양 보루. 〔담배 같은 물건을 세는 단위〕
5. 양 마리. 개. 〔동물 · 식물과 관련된 것을 세는 단위〕
6. 형 (~儿) 길고 가느다랗다.

7. 형 항목의. 조목의.

一条(yìtiáo) : 한 가닥. 한 갈래.

一条新路 : (한 갈래의) 새 길.

20) 此项改革不仅对温州 · 浙江，也对全国推进金融改革具有重大的意义。

cǐ xiàng gǎigé bùjǐn duì wēnzhōu · zhèjiāng, yě duì quánguó tuījìn jīnróng gǎigé jùyǒu zhòngdà de yìyì。

이런 개혁은 원저우 · 저장에 대해서뿐만 아니라, 또한 전국이 금융개혁을 추진하는 것에 대해서도 중요한 의의를 갖고 있다.

此(cǐ) : 이. 이것. 3-9.

不仅(bùjǐn) : …뿐만 아니라. 1-8

浙江(zhèjiāng) : 저장(성). 절강(성). 3-11.

也(yě) : …도. 또한. 3-10.

全国(quánguó) : 전국. 3-4.

具有(jùyǒu) : 동 있다. 가지다. 지니다. 구비하다.

重大(zhòngdà) : 중요하다. 중대하다. 3-9.

意义(yìyì) : 의미. 의의. 5-9.

21) 我们一定要很好地贯彻落实国务院的精神，全力以赴把试点工作做好。--浙江省副省长 · 温州市委书记陈德荣。

wǒmen yídìng yào hěnhǎodi guànchè luòshí guówùyuàn de jīngshén, quánlìyǐfù bǎ shìdiǎn gōngzuò zuòhǎo。--zhèjiāng shěng fùshěngzhǎng · wēnzhōu shìwěi shūjì Chén Déróng。

우리는 반드시 국무원의 정신을 매우 잘 관철하여 실현시키고, 시범시행 업무를 전력투구하여 잘 완성해야 한다.--저장성 부성장 · 원저우 시위원회 서기 천 더룽.

一定(yídìng) : 1. 부 반드시. 필히. 꼭.
2. 형 고정불변의. 필연적인.
3. 형 상당한. 꽤. 어느 정도의.
4. 형 특정한.
5. 형 규칙적이다. 규정되어 있다. 일정하다. 통례이다.

要(yào) : 마땅히 …해야만 한다. …해야 한다. 1-9.

很好(hěnhǎo) : 대단하다, 훌륭하다. 매우 좋다. 잘 하다.

地(di) : 조 地의 앞에 쓰인 단어 · 구가 부사어로 쓰이도록 만들어 줌.
地(de)로도 발음함.

很好地(hěnhǎodi) : 매우 좋게. 대단하게. 매우 잘.

贯彻(guànchè) : 동 (방침 · 정책 · 정신 등을) 관철시키다. 철저하게 실현하다.

精神(jīngshén) : 1. 명 정신.
2. 명 주요 의미. 주지.

全力(quánlì) : 명 온 힘. 전력.

以(yǐ) : …하여. …함으로써. …하기 위하여. 3-11

赴(fù) : 1. 동 (…로) 가다. 향하다.
2. 동 온 힘을 쓰다. 온몸을 던지다.
3. 동 헤엄치다.

全力以赴(quánlìyǐfù) : (어떤 일에) 전력투구하다. 최선을 다하다.

把(bǎ) : …을. 〔목적어를 동사 앞으로 도치시킴〕 4-3.

试点工作(shìdiǎn gōngzuò) : 시범 시행 업무〔작업〕. 시범지구 업무〔작업〕.

好(hǎo) : 1. 형 동사 뒤에 쓰여 동작이 완성되었거나 잘 마무리되었음을 나타냄.
2. 형 일부 동사 앞에 쓰여 효과가 좋음을 나타냄.
3. 부 형용사나 동사 앞에 쓰여 정도가 심함을 나타냄.
〔주로 감탄의 어기가 들어 있음〕
4. 부 시간이 오래 되었음을 강조함. 〔주로 시간사 앞에 쓰임〕
5. 부 수량이 많음을 강조함. 〔주로 수량사 앞에 쓰임〕
6. 부 형용사 앞에 쓰여 수량이나 정도를 물으며, 多에 상당함.
7. 동 …를 하기에 편하다. …에 편리하다.
8. 형 …하기가 쉽다.
9. 형 좋다. 아름답다. 훌륭하다. 만족하다.
10. 형 그래. 좋아. 자. 〔칭찬 · 동의 · 종결의 어기를 나타냄〕

11. 형 친근하다. 사이가 좋다. 우호적이다. 화목하다.
12. 형 (몸이) 건강하다. 안녕하다. (병이) 완쾌되다. 다 낫다. 좋아지다.
13. 형 인사말에 쓰임.

做好(zuòhǎo) : 잘 완성하다. 잘하다. 잘 해두다. 다하다.

省(shěng) : 1. 명 성. 〔현대 중국의 최상급 지방 행정 단위〕
2. 동 아끼다. 절약하다.
3. 동 덜다. 줄이다. 빼다. 생략하다.
4. 명 준말. 줄임말.

副(fù) : 1. 형 제2의. 보조의. 부.
2. 형 부수적인. 부대적인. 부차적인.
3. 형 차등의. 둘째의.

省长(shěngzhǎng) : 명 성장. 한 성의 최고 행정 장관.

副省长(fù shěngzhǎng) : 명 부성장.

市委(shìwěi) : 명 중국공산당 혹은 중국공산주의청년단의 시급 위원회.
市委员会(shìwěiyuánhuì)의 약칭. 시위원회.

温州市委(wēnzhōu shìwěi) : 원저우 시위원회.

书记(shūjì) : 1. 명 서기. 〔공산당 · 청년단 등 각급 조직의 주요 책임자〕
2. 명 서리. 서기. 〔지난날 문서처리와 초록을 맡은 사람〕

陈德荣(Chén Déróng) : Chen Derong. 천 더룽. 〔사람 이름〕 *

4. 번역 원저우 금융개혁

원저우 금융개혁 시범지구

국무원 총리 원 자바오는 28일 국무원 상무회의를 소집하여 주재하고, 원저우시 금융종합개혁 시범지구의 설치를 결정했다. 회의는 원저우시 금융종합개혁의 12항 주요 임무를 확정했다:

1.민간 융자를 규범적으로 발전시킨다. 2.신형 금융조직을 빠르게 발전시킨다. 3.전문 자산관리기구를 발전시킨다. 4.개인 해외직접투자의 시범 시행을 연구하여 전개한다. 5.지방 금융기관의 개혁을 심화시킨다. 6.소형 · 영세 기업과 3농을 향한 금융상품서비스를 창의적으로 발전시킨다. 7.지방의 자본시장을 육성하여 발전시킨다. 8.여러 종류의 채권상품을 적극적으로 발전시킨다.

9.보험 혁신: 보험서비스의 영역을 확장하고, 전문시장과 산업클러스터에 봉사하는 보험상품을 혁신적으로 발전시키며, 상업 보험이 사회보장체계 수립에 참여하도록 격려하고 지지한다.

10.신용 감독관리: 사회신용체계의 수립을 강화한다. 정무 성실 · 신용과 상무 성실 · 신용과 사회 성실 · 신용 및 사법 대중신뢰의 수립을 추진하고, 소형 · 영세 기업과 농촌 신용체계의 수립을 촉진한다. 신용시장의 감독관리를 강화한다.

11.금융 감독관리: 지방 금융관리체제를 완벽하게 하고, 감독관리 진공의 출현을 방지하며, 체계적 위험과 지역적 위험을 예방한다. 금융업 종합통계제도를 수립한다.

12. 정부 책임: 금융종합개혁 위험예방 메커니즘을 수립한다. 금융 위험을 처리하고 지방 금융 안정을 유지하는 지방정부의 책임을 강화하고 실현시킨다.

반응: 새 길의 개척을 강력히 지지하다

원저우는 민영경제가 비교적 집중되고 발달한 지역이며, 상대적으로 말하자면 현행 금융체제서비스의 난이도가 비교적 큰 것을 수용하며, 민간자금이 많고 투자가 어려우며, 중소기업은 많고 융자가 어려운 "2다2난"의 문제가 비교적 약한 것을 해결하여, 국무원의 원저우 금융개혁에 대한 강력한 지지는 우리로 하여금 새 길을 개척해 내도록 만든다. 이런 개혁은 원저우 · 저장에 대해서뿐만 아니라, 또한 전국이 금융개혁을 추진하는 것에 대해서도 중요한 의의를 갖고 있다. 우리는 반드시 국무원의 정신을 매우 잘 관철하여 실현시키고, 시범 시행 업무를 전력투구하여 잘 완성해야 한다.--저장성 부성장 · 원저우 시위원회 서기 천 더룽. *

第七课

地方特色产业规划

第七课 地方特色产业规划

1. 원문 打造地方特色产业

从区域规划文件的区域角度分类看，除了省级·市级，还有跨区域规划。而从规划内容分类，则有产业规划·综合规划等。其中，资本市场最为关心的是规划中涉及产业发展新思路方面内容。在当前经济增速面临下行压力·新的经济增长点亟待发现的背景下，具有发展前景的新兴产业往往能够刺激投资者的敏感神经。

综合性的区域性发展规划(或意见)自2009年起密集出台，至今虽然仍有一些规划等待发布，但基本已遍布全国。已经正式出台规划设计的区域有珠三角地区、海西经济区、江苏沿海地区、横琴新区、关中-天水经济区、中部地区、黄河三角洲、海南国际旅游岛、天津滨海新区、皖江城市带、长三角地区等。

相关区域规划之所以得到资本市场的高度关注，主要是因为被放在了更加突出和重要的位置，明确区域经济发展的战略·空间布局以及结构调整的重点和方向。业内分析指出，当前资本市场热点较少，新的综合性区域规划的出台依然能够吸引投资者眼球。

在新一轮的地方版产业规划中，特色产业发展规划尤为引人关注。

重在提高投资效率

对于当前出台的地方规划和投资计划，有分析人士担忧新一轮投资竞赛正在展开，这不利于经济结构调整，不能真正提升经济潜在增长率。另有分析人士认为，本轮投资不同于上一轮的四万亿投资，效率应当有所提升。

출처: 中国证券报. http://news.xinhuanet.com/fortune/2012-08/23/c_123618284.htm

2. 발음 | dì qī kè dìfāng tèsè chǎnyè guīhuà

dǎzào dìfāng tèsè chǎnyè

cóng qūyù guīhuà wénjiàn de qūyù jiǎodù fēnlèi kàn, chúle shěngjí · shìjí, hái yǒu kuà qūyù guīhuà。ér cóng guīhuà nèiróng fēnlèi, zé yǒu chǎnyè guīhuà · zōnghé guīhuà děng。qízhōng, zīběn shìchǎng zuìwéi guānxīn de shì guīhuà zhōng shèjí chǎnyè fāzhǎn xīn sīlù fāngmiàn nèiróng。zài dāngqián jīngjì zēngsù miànlín xiàxíng yālì · xīnde jīngjì zēngzhǎngdiǎn jídài fāxiàn de bèijǐng xia, jùyǒu fāzhǎn qiánjǐng de xīnxīng chǎnyè wǎngwǎng nénggòu cìjī tóuzīzhě de mǐngǎn shénjīng。

zōnghéxìng de qūyùxìng fāzhǎn guīhuà (huò yìjiàn) zì èr líng líng jiǔ nián qǐ mìjí chūtái, zhìjīn suīrán réng yǒu yìxiē guīhuà děngdài fābù, dàn jīběn yǐ biànbù quánguó。yǐjīng zhèngshì chūtái guīhuà shèjì de qūyù yǒu zhūsānjiǎo dìqū、haǐxī jīngjìqū、jiāngsū yánhaǐ dìqū、héngqín xīnqū、guānzhōng-tiānshuǐ jīngjìqū、zhōngbù dìqū、huánghé sānjiǎozhōu、haǐnán guójì lǚyóudǎo、tiānjīn bīnhaǐ xīnqū、wǎnjiāng chéngshìdài、chángsānjiǎo dìqū děng。

xiāngguān qūyù guīhuà zhī suǒyǐ dédào zīběn shìchǎng de gāodù guānzhù，zhǔyào shì yīnwèi bèi fàngzài le gèngjiā tūchū hé zhòngyào de wèizhì，míngquè qūyù jīngjì fāzhǎn de zhànlüè · kōngjiān bùjú yǐjí jiégòu tiáozhěng de zhòngdiǎn hé fāngxiàng。yènèi fēnxī zhǐchū，dāngqián zīběn shìchǎng rèdiǎn jiào shǎo，xīnde zōnghéxìng qūyù guīhuà de chūtái yīrán nénggòu xīyǐn tóuzīzhě yǎnqiú。

zài xīnyìlún de dìfāngbǎn chǎnyè guīhuà zhōng，tèsè chǎnyè fāzhǎn guīhuà yóuwéi yǐn rén guānzhù。

zhòng zài tígāo tóuzī xiàolǜ

duìyú dāngqián chūtái de dìfāng guīhuà hé tóuzī jìhuà，yǒu fēnxī rénshì dānyōu xīnyìlún tóuzī jìngsài zhèngzài zhǎnkāi，zhè búlìyú jīngjì jiégòu tiáozhěng，bùnéng zhēnzhèng tíshēng jīngjì qiánzài zēngzhǎnglǜ。lìng yǒu fēnxī rénshì rènwéi，běn lún tóuzī bùtóngyú shàng yìlún de sì wànyì tóuzī，xiàolǜ yīngdāng yǒusuǒ tíshēng。

3. 해설 지방 특색 산업의 기획

1) 地方特色产业规划

dìfāng tèsè chǎnyè guīhuà
지방 특색 산업의 기획

地方(dìfāng) : (중앙에 대하여) 지방. 1-6.
特色(tèsè) : 1. 명 특색. 특징.
2. 형 독특한. 특별한.
产业(chǎnyè) : 산업. 5-9.
规划(guīhuà) : 기획. 기획하다. 〔종합적이고 장기적인 발전 계획에 쓰임〕 2-3.

2) 打造地方特色产业

dǎzào dìfāng tèsè chǎnyè
지방 특색 산업의 조성

打造(dǎzào) : 1. 동 제조하다. 만들다. 〔주로 금속 기물의 제조를 가리킴〕
2. 동 (환경 · 상황을) 만들다. 조성하다.
3. 동 만들다. 만들어 내다. 〔주로 추상적인 사물에 많이 쓰임〕
4. 동 (인재 등을) 양성하다. 기르다. 키우다.
打造地方特色产业 : 지방 특색의 산업을 조성하다 → 지방 특색 산업의 조성.

3) 从区域规划文件的区域角度分类看，除了省级·市级，还有跨区域规划。

cóng qūyù guīhuà wénjiàn de qūyù jiǎodù fēnlèi kàn, chúle shěngjí · shìjí, hái yǒu kuà qūyù guīhuà。

지역 기획 문건의 지역적 각도에서 분류하여 보면, 성급 · 시급 (기획) 이외에, 범지역 기획이 또 있다.

从(cóng) : …부터. …을 기점으로. …에 의거하여. 4-6.

区域(qūyù) : 지역. 구역. 5-3.

文件(wénjiàn) : 1. 명 공문 · 서류 · 서신 등의 총칭.
2. 명 파일. 기록철.
3. 명 (정치 이론 · 정책 등 방면의) 문건. 문장. 문헌.

角度(jiǎodù) : 명 각도.

分类(fēnlèi) : 분류하다. 2-6.

看(kàn) : 보다. 판단하다. 여기다. 4-6.

除了(chúle) : 1. 개 …을〔를〕 제외하고(는).
2. 개 …외에 또. …외에 …도. 〔还 · 也 · 只 등과 호응하여 사용함〕
3. 개 …(지) 않으면, …(을) 하다.

省级(shěngjí) : 명 성급. 〔3개 등급의 중국 행정구획에서 제1급에 해당됨〕

市级(shìjí) : 명 시급. 〔성급도시로서, 4개 직할시와 2개 특별행정구가 있음〕

还有(hái yǒu) : 또(한) 있다. 4-11.

跨(kuà) : 1. 동 (큰 걸음으로) 뛰어넘다. 건너뛰다.
2. 동 (일정한 한계를) 뛰어넘다.
3. 동 (두 다리를 벌리고) 걸터앉다.
4. 동 (물체가 위에) 가로로 놓이다〔걸치다 · 얹히다〕. 가로지르다.
5. 형 (…의) 옆에 위치한〔붙어 있는〕.

跨国(kuàguó) : 동 국경선〔국적〕을 뛰어넘다〔초월하다〕. → 다국가(의). 다국적(의).

跨区域(kuàqūyù) : 여러 지역(의). 다지역(의). 범지역(적).

4) 而从规划内容分类，则有产业规划・综合规划等。

ér cóng guīhuà nèiróng fēnlèi, zé yǒu chǎnyè guīhuà · zōnghé guīhuà děng。

그리고 기획 내용에서 분류하면, 바로 산업기획・종합기획 등이 있다.

而(ér) : 그리고. 그러나. 3-10.

内容(nèiróng) : 명 내용.

则(zé) : 바로〔곧〕 …이다. 4-11.

综合(zōnghé) : 종합. 종합하다. 6-3.

等(děng) : 등. 따위. 1-4.

5) 其中，资本市场最为关心的是规划中涉及产业发展新思路方面内容。

qízhōng, zīběn shìchǎng zuìwéi guānxīn de shì guīhuà zhōng shèjí chǎnyè fāzhǎn xīn sīlù fāngmiàn nèiróng。

그중에서, 자본시장이 가장 관심을 갖는 것은 기획 중 산업발전과 관련된 신사고 영역의 내용이다.

其中(qízhōng) : 그중(에). 그 가운데(에). 5-5.

资本(zīběn) : 자본. 1-4.

市场(shìchǎng) : 시장. 3-9.

最为(zuìwéi) : 부 제일. 가장. 맨 먼저.
〔이음절 형용사나 동사 앞에 쓰여 최상급을 나타냄〕

关心(guānxīn) : 동 (사람 또는 사물에 대해) 관심을 갖다. 관심을 기울이다.

中(zhōng) : 중. 한가운데. 중간. 4-4.

涉及(shèjí) : 1. 동 관련되다. 연관되다. 연루되다.
2. 동 미치다. 관계되다. 상관되다.
3. 동 포함하고 있다. 언급하다.

发展(fāzhǎn) : 발전. 1-6.

新(xīn) : 신. 새로운. 1-5.

思路(sīlù) : 명 사고의 맥락〔방향〕. 생각의 실마리〔갈래. 갈피〕. → 사고. 생각.

方面(fāngmiàn) : 방면. 영역. 분야. 1-6.

6) 在当前经济增速面临下行压力·新的经济增长点亟待发现的背景下，具有发展前景的新兴产业往往能够刺激投资者的敏感神经。
zài dāngqián jīngjì zēngsù miànlín xiàxíng yālì · xīnde jīngjì zēngzhǎngdiǎn jídài fāxiàn de bèijǐng xia, jùyǒu fāzhǎn qiánjǐng de xīnxīng chǎnyè wǎngwǎng nénggòu cìjī tóuzīzhě de mǐngǎn shénjīng。
현재 경제의 가속이 하행 압력에 직면하고 새로운 경제의 성장점이 시급히 발견되어야 하는 배경하에서, 발전 장래를 구비한 신흥산업은 투자자의 민감한 신경을 이따금 자극할 수 있다.

在(zài)…下(xià) : …하에서. …아래에서. 1-3.
当前(dāngqián) : 현재. 현 단계. 오늘. 1-3.
经济(jīngjì) : 경제. 1-8.
增速(zēngsù) : 동 속도를 높이다. 증속하다. 가속하다. → 증속. 가속.
面临(miànlín) : (문제·상황에) 직면하다. 당면하다. 5-3.
下行(xiàxíng) : 1. 동 (배가) 상류에서 하류로 내려가다.
2. 동 (열차가) 하행하다. 내려가다.
3. 형 (공문서를) 하급 부서로 내려보낸다.
压力(yālì) : 1. 명 압력.
2. 명 (주로 정신적·심리적인) 스트레스. 압력.
3. 명 과중한 부담.
新的(xīnde) : 새로운.
增长点(zēngzhǎngdiǎn) : 명 성장점. 생장점. 〔이윤이나 효과를 보는 부분〕
增长(zēngzhǎng) : 성장하다. 증가하다. 성장. 1-5.
亟待(jídài) : 동 시급히〔긴급히·조속히〕 …을 요하다〔기다리다〕.
发现(fāxiàn) : 1. 동 발견하다. 알아차리다.
2. 동 (연구·탐색 등으로 새로운 사실을) 발견하다.
3. 명 발견.
背景(bèijǐng) : 1. 명 배후(세력). 백그라운드.
2. 명 (주요 관찰 물체의) 뒷배경. 〔장소·물체 등〕
3. 명 (역사·사회, 연극·영화, 그림·영상 등의) 배경.
具有(jùyǒu) : 가지다. 지니다. 구비하다. 6-20.

前景(qiánjǐng)：1. 명 (가까운) 장래. 앞날. 전망. 전도.
2. 명 (그림 · 화면 등에서 관찰자로부터) 가까운 경물. 전경.

新兴(xīnxīng)：형 신흥의. 새로 일어난.

往往(wǎngwǎng)：부 왕왕. 자주. 흔히. 종종. 때때로. 이따금.

能够(nénggòu)：…할 수 있다. 5-9.

刺激(cìjī)：1. 동 자극하다. 고무하다. 북돋우다. 흥분시키다.
2. 명 (정신적) 자극. 충격.

投资者(tóuzīzhě)：명 투자자.

投资(tóuzī)：투자. 1-1.

敏感(mǐngǎn)：1. 형 민감하다. 감각이 예민하다. 반응이 빠르다.
2. 형 예민하다. 알레르기 반응을 일으키다. 과민 반응하다.

神经(shénjīng)：1. 명 신경.
2. 명 정신 이상.

7) 综合性的区域性发展规划(或意见)自2009年起密集出台，至今虽然仍有一些规划等待发布，但基本已遍布全国。

zōnghéxìng de qūyùxìng fāzhǎn guīhuà (huò yìjiàn) zì èr líng líng jiǔ nián qǐ mìjí chūtái, zhìjīn suīrán réng yǒu yìxiē guīhuà děngdài fābù, dàn jīběn yǐ biànbù quánguó。

종합적인 지역적 발전 기획(혹 의견)은 2009년부터 끊이지 않게 제기되고, 최근까지 비록 일부 기획이 발표를 아직도 기다리지만, 그러나 전국에 거의 이미 널리 퍼졌다.

综合性(zōnghéxìng)：종합성. 종합(의). 종합적(인).

区域性(qūyùxìng)：지역성. 지역적(인). 6-15.

或(huò)：1. 접 혹은. 또는. 그렇지 않으면.
2. 부 혹시. 아마도. 어쩌면.
3. 대 어떤 사람. 아무개. 혹자. 모인(某人).

意见(yìjiàn)：의견. 견해. 2-10.

自(zì)…起(qǐ)：…로부터 시작하다. …부터. 3-4.

密集(mìjí) : 1. 동 밀집하다. 조밀하게 모이다. → 조밀하게.
2. 형 조밀한. 빽빽한. 밀집한. 끊이지 않는. → 끊이지 않게.
出台(chūtái) : (정책 등을) 정식으로 공포〔제기 · 제시〕하다〔내어놓다〕. 1-4.
至今(zhìjīn) : 부 지금까지. 여태껏. 오늘까지.
虽然(suīrán)…, 但(dàn)… : 비록…, 그러나(하지만)…. 4-9.
仍(réng) : 1. 부 여전히. 아직도.
2. 동 따르다. 답습하다.
3. 형 빈번하다. 잦다.
一些(yìxiē) : 약간. 일부. 4-7.
等待(děngdài) : 동 (사물 · 상황 등을) 기다리다.
发布(fābù) : 선포하다. 발포하다. 발표하다. 3-11.
但(dàn) : 그러나. 하지만. 1-6.
基本(jīběn) : 기본적으로. 거의. 대체로. 2-5.
已(yǐ) : 이미. 벌써. 2-6.
遍布(biànbù) : 동 널리 퍼지다. 널리 분포하다.
全国(quánguó) : 전국. 3-4.

8) 已经正式出台规划设计的区域有珠三角地区、海西经济区、江苏沿海地区、横琴新区、关中-天水经济区、中部地区、黄河三角洲、海南国际旅游岛、天津滨海新区、皖江城市带、长三角地区等。
yǐjīng zhèngshì chūtái guīhuà shèjì de qūyù yǒu zhūsānjiǎo dìqū、haǐxī jīngjìqū、jiāngsū yánhaǐ dìqū、héngqín xīnqū、guānzhōng-tiānshuǐ jīngjìqū、zhōngbù dìqū、huánghé sānjiǎozhōu、haǐnán guójì lǚyóudǎo、tiānjīn bīnhaǐ xīnqū、wǎnjiāng chéngshìdài、chángsānjiǎo dìqū děng。
기획 설계를 이미 정식으로 제기한 지역에는 주강삼각주지구 · 해협서안경제구역 · 강소연해지구 · 횡금신구 · 관중천수경제구역 · 중부지역 · 황하삼각주 · 해남국제관광섬 · 천진빈해신구 · 환강도시권 · 장강삼각주지구 등이 있다.

已经(yǐjīng) : 이미. 벌써. 1-4.
正式(zhèngshì) : 형 정식의. 공식의. 정규의.

设计(shèjì)：1. 동 설계하다. 디자인하다. 짜다. 계획하다.
2. 명 설계. 디자인.
3. 동 계책을 꾸미다. 흉계를 꾸미다.

珠三角(zhūsānjiǎo)：珠江三角洲(zhūjiāng sānjiǎozhōu)의 약칭. 주강삼각주. 지리적 위치는 중국 광동성 중남부와 주강 하류 지역이고, 소속 행정구획은 광동성과 홍콩·마카오이다.

三角洲(sānjiǎozhōu)：명 삼각주.

地区(dìqū)：지구. 지역. 2-6.

珠三角地区(zhūsānjiǎo dìqū)：주장삼각주지구.

经济区(jīngjìqū)：경제구역. 경제지역.

海西经济区(haǐxī jīngjìqū)：海峡西岸经济区(haǐxiá xī`àn jīngjìqū)의 약칭. 해협서안경제구역. 지리적 위치는 중국 동남연해와 타이완해협 서안이고, 소속 행정구획은 복건성을 주체로 하는 주변 지구이다.

江苏(jiāngsū)：명 장쑤(성). 강소(성). 〔苏라고 약칭하며, 성도는 난징(南京)임〕

沿海(yánhaǐ)：연해. 4-9.

江苏沿海地区(jiāngsū yánhaǐ dìqū)：강소연해지구. 지리적 위치는 중국 동부연해와 장강삼감주 이북 지역이고, 소속 행정구획은 중국 화동지역과 강소성이다.

新区(xīnqū)：1. 명 새로 개발된 지구. 신(개발지)구.
〔새로 건설된 주택지구·상업지구·기술개발지구 등이다〕
2. 명 신해방구. 새로 해방된 지역.
3. 명 제3차 중국 혁명 전쟁이 시작된 후 해방된 지역.

横琴新区(héngqín xīnqū)：횡금신(개발지)구. 지리적 위치는 광동성 珠海市(주해시) 남부 横琴岛(횡금섬)이고, 인근에 홍콩과 마카오가 있으며, 소속 행정구획은 중국 화남지역이다.

关中(guānzhōng)：관중(지역)은 섬서성의 중부를 일컫고, 서안시·보계시·함양시 등이 내포된다.

天水(tiānshuǐ)：지명은 天水市(천수시)이고, 지리적 위치는 중국 서북지역의 감숙성 동남부에 있다.

关中-天水经济区(guānzhōng tiānshuǐ jīngjìqū)：관중·천수경제구역. 지리적 위치는 섬서성 중부와 감숙성 동남부이고, 소속 행정구획은 중국 서북지역이다.

天水经济技术开发区(tiānshuǐ jīngjì jìshù kāifāqū)：천수경제기술개발지구. 소속 행정구획은 중국 서북지역과 감숙성이다.

中部(zhōngbù) : 1. 명 중부.
2. 명 중간 부위〔부분〕.

中部地区(zhōngbù dìqū) : 중국 중부지역. 산서성 · 하남성 · 안휘성 · 호북성 · 강서성 · 호남성 등 6개 성이 내포된다.

黄河(huánghé) : 명 황허. 황하.

黄河三角洲(huánghé sānjiǎozhōu) : 약칭은 黄三角(huáng sānjiǎo). 황하삼각주.

海南(haǐnán) : 명 하이난(성). 해남(성).
〔琼(qióng)으로 약칭하며, 성도는 하이커우(海口)임〕

国际(guójì) : 국제. 국제적인. 3-10.

旅游(lǚyóu) : 동 여행하다. 관광하다. → 여행. 관광.

岛(dǎo) : 1. 명 섬. 도서.
2. 명 (도로의) 안전 지대.

海南国际旅游岛(haǐnán guójì lǚyóudǎo) : 해남국제관광섬. 지리적 위치는 중국 최남단과 남해 북부이고, 소속 행정구획은 중국 화남지역이며, 주요 행정소재지는 海口市에 있다.

天津(tiānjīn) : 명 톈진(직할)시. 천진(직할)시. 〔津으로 줄여 쓰기도 함〕

滨海(bīnhaǐ) : 바다에 인접하다. 임해. 연해. 해변.

天津滨海新区(tiānjīn bīnhaǐ xīnqū) : 천진빈해신(개발지)구. 약칭은 滨海新区. 지리적 위치는 중국 환발해지역 중심지대와 천진시 최동단이고, 소속 행정구획은 천진직할시이다.

皖(wǎn) : 명 환(Wan). 안휘(安徽)성의 별칭. 안후이성. 안휘성.

皖江地区(wǎnjiāng dìqū) : 환강(Wanjiang)지구. 지리적 위치는 안휘성 중부와 장강 연안이고, 소속 행정구획은 중국 화동지역이다.

城市带(chéngshìdài) : 도시권. City Belt.

皖江城市带(wǎnjiāng chéngshìdài) : 환강(Wanjiang)도시권. 지리적 위치는 장강의 안휘성 일대 양안이고, 소속 행정구획은 안휘(성) 지역의 8개 도시이다.

长三角地区(chángsānjiǎo dìqū) : 장강삼각주지구. 长江三角洲(chángjiāng sānjiǎozhōu. 장강삼각주)의 별칭으로, 또는 长三角(chángsānjiǎo)라고 칭한다.
지리적 위치는 장강 하류이고, 소속 행정구획은 중국 화동지역이며, 주요 지역은 상해직할시, 강소성, 절강성 등이 있다.

9) 相关区域规划之所以得到资本市场的高度关注，主要是因为被放在了更加突出和重要的位置，明确区域经济发展的战略·空间布局以及结构调整的重点和方向。

xiāngguān qūyù guīhuà zhī suǒyǐ dédào zīběn shìchǎng de gāodù guānzhù, zhǔyào shì yīnwèi bèi fàngzài le gèngjiā tūchū hé zhòngyào de wèizhì, míngquè qūyù jīngjì fāzhǎn de zhànlüè · kōngjiān bùjú yǐjí jiégòu tiáozhěng de zhòngdiǎn hé fāngxiàng。

연관된 지역 기획이 자본시장의 높은 관심을 받는 이유는, 대부분 더욱 뚜렷하고 중요한 위치에 놓여졌고, 지역 경제 발전의 전략 · 공간 배치 및 구조조정의 중점과 방향을 명확하게 했기 때문이다.

A) 相关区域规划之所以得到资本市场的高度关注，

xiāngguān qūyù guīhuà zhī suǒyǐ dédào zīběn shìchǎng de gāodù guānzhù,

연관된 지역 기획이 자본시장의 높은 관심을 받는 이유는,

相关(xiāngguān) : 통 상관이〔관계가〕 있다. 서로 관련〔연관〕되다. 상관되다.
→ 상관된. 관련된. 연관된.

所以(suǒyǐ) : 1. 접 …한 이유는. …까닭은. 〔…(之)所以…, 是因为〔由于〕…의 형태에서, 앞 구절의 주어와 술어 사이에 쓰여 원인 · 이유 설명이 필요한 사항을 제기하고 뒷구절에서 그 원인을 설명함〕

2. 접 그래서. 그러므로. 그런 까닭에. 때문에.
〔보통 因为〔由于〕…, 所以…의 형태에서, 뒷구절에 쓰여 결과나 결론을 나타냄〕

3. 접 …, 是…所以…的原因〔缘故〕의 형태에서, 앞구절에서 먼저 어떤 사실을 서술하고, 그것이 뒷구절에 있는 사실의 원인이 됨을 나타냄.

4. 접 그러니. 그러니까. 〔단독으로 쓰여 독립된 문장을 이루어 원인이 바로 여기에 있음을 나타냄〕

5. 명 소이. 이유. 원인. 까닭. 연고. 실정.

得到(dédào) : 1. 동 얻다. 받다. 획득하다. 취득하다. 거두다. 차지하다. 손에 넣다.

2. 동 (기회를 빌려서) …할 수 있다. (말미암아) …(하게) 되다.

高度(gāodù) : 1. 명 고도. 높이.

2. 형 정도가 매우 높다.

关注(guānzhù) : 1. 동 주시하다. 관심을 가지(고 중시하)다. 배려하다.
2. 명 관심. 중시.

B) 主要是因为被放在了更加突出和重要的位置，明确区域经济发展的战略·空间布局以及结构调整的重点和方向。

zhǔyào shì yīnwèi bèi fàngzài le gèngjiā tūchū hé zhòngyào de wèizhì, míngquè qūyù jīngjì fāzhǎn de zhànlüè · kōngjiān bùjú yǐjí jiégòu tiáozhěng de zhòngdiǎn hé fāngxiàng。

대부분 더욱 뚜렷하고 중요한 위치에 놓여졌고, 지역 경제 발전의 전략 · 공간 배치 및 구조조정의 중점과 방향을 명확하게 했기 때문이다.

主要(zhǔyào) : 주로. 대부분. 주요한. 2-11.

因为(yīnwèi) : …때문에. …로 인하여. 〔원인을 이끌어 냄〕 4-3.

被(bèi) : 1. 동 …당하다. ～에 의해 …당하다.
〔동사 앞에 쓰여 피동형 구나 문장을 만듦〕
2. 개 피동구에서 주어가 동작의 대상임을 나타냄.
〔被 뒤의 주체는 자주 생략됨〕
3. 동 덮다.
4. 동 …에게 …를 당하다.
5. 명 이불.

放在(fàngzài) : …에 두다(놓다).

更加(gèngjiā) : 더욱. 더. 훨씬. 1-7.

突出(tūchū) : 1. 형 돋보이다. 두드러지다. 뛰어나다. 뚜렷하다.
2. 동 돌파하다. 뚫다.
3. 형 튀어나오다. 돌출하다.
4. 동 두드러지게 하다. 부각시키다. 돋보이게 하다.

重要(zhòngyào) : 중요한. 4-5.

位置(wèizhì) : 1. 명 위치.
2. 명 지위. 위치.
3. 명 직위.

明确(míngquè) : 1. 동 명확하게 하다. 확실하게 하다.

2. 형 명확하다. 확실하다.

战略(zhànlüè) : 전략. 5-6.

空间(kōngjiān) : 공간. 1-9.

布局(bùjú) : 1. 명 배치. 구도. 짜임새. 분포. 구조. 구성. 안배.
2. 명 (작문 · 그림 등의) 구성. 짜임새. 배치. 배열. 안배.
3. 동 (장기나 바둑에서) 포석하다.

以及(yǐjí) : 접 및. 그리고. 아울러. 〔병렬관계의 사조나 구를 연결하여 연합관계임을 표시하며, 뒤에는 때때로 비교적 다음으로 중요한 부분임〕

结构(jiégòu) : 구조. 구성. 조직. 짜임새. 1-7.

调整(tiáozhěng) : 조정. 조정하다. 5-9.

重点(zhòngdiǎn) : 1. 명 중점.
2. 형 (동류 사물 중에서) 중요한. 주요한.
3. 부 중점적으로.

方向(fāngxiàng) : 명 방향.

10) 业内分析指出，当前资本市场热点较少，新的综合性区域规划的出台依然能够吸引投资者眼球。

yènèi fēnxī zhǐchū, dāngqián zīběn shìchǎng rèdiǎn jiào shǎo, xīnde zōnghéxìng qūyù guīhuà de chūtái yīrán nénggòu xīyǐn tóuzīzhě yǎnqiú。

업계 내부의 분석에 의하면, 현재 자본시장의 주관심사가 비교적 적어서, 새로운 종합적 지역 기획의 제기는 투자자의 주의를 여전히 잡아끌 수 있다.

业内(yènèi) : 업계 내부. 업무 범위 내. 3-3.

分析(fēnxī) : 분석. 분석하다. 1-9.

指出(zhǐchū) : 밝히다. 지적하다. 가리키다. 1-9.

业内分析指出… : 업계 내부는 …라고 분석하여 지적하다.
→ 업계 내부의 분석에 의하면.

热点(rèdiǎn) : 1. 명 사람들의 이목을 끄는 곳이나 문제. 인기 장소. 핫 뉴스. 주관심사. 관심거리. 화두. 초점. 포커스(focus). 포인트.
2. 명 열점.

较(jiào) : 비교적. 좀. 보다. 2-6.

少(shǎo) : 1. 형 적다.
2. 부 약간. 잠시. 조금.
3. 동 모자라다. 결핍되다.

依然(yīrán) : 1. 부 여전히.
2. 동 여전하다. 의연하다. 전과 같다. 그대로이다. 한결같다.

吸引(xīyǐn) : 1. 동 흡인하다. 빨아당기다〔빨아들이다〕. 잡아끌다.
2. 동 끌어당기다. 유인하다. 매료〔매혹〕시키다.

眼球(yǎnqiú) : 1. 명 주의(력).
2. 명 안구. 눈알.

吸引投资者眼球 : 투자자의 주의(력)를 (잡아)끌다.

11) 在新一轮的地方版产业规划中，特色产业发展规划尤为引人关注。
zài xīnyìlún de dìfāngbǎn chǎnyè guīhuà zhōng tèsè chǎnyè fāzhǎn guīhuà yóuwéi yǐn rén guānzhù。
새로운 지방판 산업 기획 중에서, 특색 산업의 발전 기획은 사람의 관심을 유달리 초래한다.

在(zài)…中(zhōng) : …중에서. 1-3.

轮(lún) : 1. 양 (～儿) 순환하는 사물 · 동작을 세는 단위. 차(次). 회(回). 기(期).
2. 양 한 바퀴. 12년. 〔십이지지로써 12년마다 한 바퀴 돌아감〕
3. 양 해나 달과 같은 둥근 사물을 세는 단위.
4. 동 (순서에 따라) 교체하다. 교대로 하다. 순번이 되다. 차례가 되다.
5. 명 (～儿) 바퀴.
6. 명 바퀴처럼 둥근 것.
7. 명 기선(汽船). 배.

一轮(yìlún) : 1. 일주(一周). 한 바퀴.
2. 수 라운드(round). 차. 회. 기.

一轮(yīlún) : 1. 일주(一周). 한 바퀴.
2. (달이나 해 따위) 둥근 모양의 것.
3. 12살. 〔轮은 12지지(地支) 한 바퀴를 뜻함〕

新一轮(xīnyìlún) : 새로운 라운드. 새로운 회. 새로운 기.

地方版(dìfāngbǎn)：지방판.

新一轮的地方版产业规划：새로운 라운드의 지방판 산업 기획
→ 새로운 지방판 산업 기획.

中(zhōng)：…의 중에. …과정에. …의 가운데에. 4-4.

尤为(yóuwéi)：㊟ 특히. 각별히. 유달리. 유별나게.
〔다른 것과 비교하여 훨씬 정도가 높고 우수함을 나타냄〕

引(yǐn)：1. ㊐ 야기하다. 자아내다. 초래하다.
2. ㊐ 일으키다. 이끌어 내다. 꾀어 내다. 나타내게 하다.
3. ㊐ 이끌다. 인도하다. 안내하다.
4. ㊐ 활을 당기다.
5. ㊐ 잡아당기다. 끌다. 견제하다.

引人(yǐn rén)…：사람의 …을 초래하다〔자아내다〕.

引人(yǐnrén)：㊐ 사람을 인도하다.

12) 重在提高投资效率

zhòng zài tígāo tóuzī xiàolǜ

투자 효율의 제고에 중점이 있다

重(zhòng)：1. ㊢ 무겁다. 비중이 크다.
2. ㊢ 중요하다. 중대하다.
3. ㊢ (정도가) 심하다. 크다. 중하다. 심각하다.
4. ㊢ 장중하다. 신중하다.
5. ㊕ 중량. 무게. → 중점. 중요성.
6. ㊐ 중요하게 여기다. 중시하다. 중요시하다.

重在(zhòng zài)…：…에 무게〔중점〕가 있다. …가 중요하다.

提高(tígāo)：제고하다. 향상시키다. 1-5.

效率(xiàolǜ)：능률. 효율. 3-10.

提高投资效率：투자 효율을 제고하다 → 투자 효율의 제고.

13) 对于当前出台的地方规划和投资计划，有分析人士担忧新一轮投资竞赛正在展开，这不利于经济结构调整，不能真正提升经济潜在增长率。

duìyú dāngqián chūtái de dìfāng guīhuà hé tóuzī jìhuà, yǒu fēnxī rénshì dānyōu xīnyìlún tóuzī jìngsài zhèngzài zhǎnkāi, zhè búlìyú jīngjì jiégòu tiáozhěng, bùnéng zhēnzhèng tíshēng jīngjì qiánzài zēngzhǎnglǜ。

현재 제기된 지방 기획과 투자 계획에 대해, 일부 분석인사는 새로운 투자 경쟁이 한창 전개되고 있어, 이것은 경제 구조조정에 이롭지 않고, 경제의 잠재적 성장률을 정말로 향상시킬 수 없다고 걱정한다.

A) 对于当前出台的地方规划和投资计划，

duìyú dāngqián chūtái de dìfāng guīhuà hé tóuzī jìhuà,

현재 제기된 지방 기획과 투자 계획에 대해,

对于(duìyú) : 개 …에 대해(서). …에 대하여.
〔동작 · 행위의 대상 또는 관련된 사람 · 사물을 이끌어 냄〕

计划(jìhuà) : 계획. 계획하다. 2-5.

B) 有分析人士担忧新一轮投资竞赛正在展开，这不利于经济结构调整，不能真正提升经济潜在增长率。

yǒu fēnxī rénshì dānyōu xīnyìlún tóuzī jìngsài zhèngzài zhǎnkāi, zhè búlìyú jīngjì jiégòu tiáozhěng, bùnéng zhēnzhèng tíshēng jīngjì qiánzài zēngzhǎnglǜ。

일부 분석인사는 새로운 투자 경쟁이 한창 전개되고 있어, 이것은 경제 구조조정에 이롭지 않고, 경제의 잠재적 성장률을 정말로 향상시킬 수 없다고 걱정한다.

有(yǒu) : 어느. 모. 어떤. → 일부. 1-5.

人士(rénshì) : 인사. 1-9.

担忧(dānyōu) : 동 걱정하다. 근심하다. 우려하다.

竞赛(jìngsài) : 동 경쟁하다. 경기하다. 시합하다.

正在(zhèngzài) : 부 지금〔한창〕 …하고 있다. 〔동작이나 행위가 진행 중임을 나타냄〕
展开(zhǎnkāi) : 1. 동 (활동을) 전개하다. 벌이다.
2. 동 펴다. 펼치다.
不利于(búlìyú)… : …에 해롭다〔안 좋다〕. …에 해가 되다. …에 이롭지 않다.
不能(bùnéng) : 1. 동 …할 수가 없다.
2. 동 …해서는 안 된다.
真正(zhēnzhèng) : 정말로. 진짜로. 참으로. 진실로. 5-9.
提升(tíshēng) : 향상시키다. 5-9.
潜在(qiánzài) : 동 잠재하다.
增长率(zēngzhǎnglǜ) : 명 성장률. 증가율.

14) 另有分析人士认为，本轮投资不同于上一轮的四万亿投资，效率应当有所提升。
lìng yǒu fēnxī rénshì rènwéi, běn lún tóuzī bùtóngyú shàng yìlún de sì wànyì tóuzī, xiàolǜ yīngdāng yǒusuǒ tíshēng。
다른 분석인사는 이번 투자가 지난번의 4조 원 투자와 달라서, 효율은 좀 제고되는 것이 마땅하다고 여긴다.

另(lìng) : 1. 대 다른. 그 밖의. 이외의.
2. 부 따로. 달리. 별도로.
另有(lìngyǒu) : 다른, 그 이외의.
认为(rènwéi) : 여기다. 생각하다. 〔긍정적 어기를 내포함〕 4-3.
本(běn) : 현재의. 이번의. 5-7.
本轮(běn lún) : 이번. 이 차례.
不同于…(bùtóngyú) : …와 다르다. …와 같지 않다.
上一轮(shàng yìlún) : 지난번. 지난 회.
万亿(wànyì) : 조(兆). 1,000,000,000,000. 5-7.
应当(yīngdāng) : 동 …하는 것이 마땅하다. 당연히〔반드시 · 응당〕 …해야 한다.
有所(yǒusuǒ) : 다소 …하다. 어느 정도 …하다. 좀 …하다. 5-6.

提高(tígāo) : → 제고되다. 향상되다. 1-5.

有所提升 : 다소 향상되다. 좀 제고되다. 제고(향상)되는 것이(바가) 있다.

应当有所提升 : 제고되는 바가 당연히 있어야 한다. 좀 제고되는 것이 마땅하다. 제고되는 바가 있는 것이 마땅하다. *

4. 번역 지방 특색 산업의 기획

지방 특색 산업의 조성

지역 기획 문건의 지역적 각도에서 분류하여 보면, 성급 · 시급 (기획) 이외에, 범지역 기획이 또 있다. 그리고 기획 내용에서 분류하면, 바로 산업기획 · 종합기획 등이 있다. 그중에서, 자본시장이 가장 관심을 갖는 것은 기획 중 산업발전과 관련된 신사고 영역의 내용이다. 현재 경제의 가속이 하행 압력에 직면하고 새로운 경제의 성장점이 시급히 발견되어야 하는 배경하에서, 발전 장래를 구비한 신흥산업은 투자자의 민감한 신경을 이따금 자극할 수 있다.

종합적인 지역적 발전 기획(혹 의견)은 2009년부터 끊이지 않게 제기되고, 최근까지 비록 일부 기획이 발표를 아직도 기다리지만, 그러나 전국에 거의 이미 널리 퍼졌다. 기획 설계를 이미 정식으로 제기한 지역에는 주강삼각주지구 · 해협서안경제구역 · 강소연해지구 · 횡금신구 · 관중천수경제구역 · 중부지역 · 황하삼각주 · 해남국제관광섬 · 천진빈해신구 · 환강도시권 · 장강삼각주지구 등이 있다.

연관된 지역 기획이 자본시장의 높은 관심을 받는 이유는, 대부분 더욱 뚜렷하고 중요한 위치에 놓여졌고, 지역 경제 발전의 전략 · 공간 배치 및 구조조정의 중점과 방향을 명확하게 했기 때문이다. 업계 내부의 분석에 의하면, 현재 자본시장의 주관심사가 비교적 적어서, 새로운 종합적 지역 기획의 제기는 투자자의 주의를 여전히 잡아끌 수 있다.

새로운 지방판 산업 기획 중에서, 특색 산업의 발전 기획은 사람의 관심을 유달리 초래한다.

투자 효율의 제고에 중점이 있다

현재 제기된 지방 기획과 투자 계획에 대해, 일부 분석인사는 새로운 투자 경쟁이 한창 전개되고 있어, 이것은 경제 구조조정에 이롭지 않고, 경제의 잠재적 성장률을 정말로 향상시킬 수 없다고 걱정한다. 다른 분석인사는 이번 투자가 지난번의 4조 원 투자와 달라서, 효율은 제고되는 바가 당연히 있어야 한다고 여긴다. *

第八课

企业兼并重组

第八课 企业兼并重组

1. 원문 重点产业兼并重组

国家发改委产业协调司有关负责人告诉记者，接下来国家发改委将在制定和完善重点产业专项规划的时候强化钢铁·水泥·汽车等行业兼并重组和淘汰落后行业要求。将把兼并重组和淘汰落后作为新项目审批前提。继续加强对兼并重组企业技术改造的支持力度，支持有条件企业建立技术中心来通过兼并重组淘汰落后产能。

财政部有关负责人表示，要积极做好企业兼并重组工作中财政部牵头落实的各项工作，目前，国务院要求财政部配合的8项工作也已落实到相关司局。

“对上市公司并购重组申请，证监会一直在研究分通道进行审核。”中国证监会有关负责人表示。具体而言，就是证监会将对评级良好的并购重组申请简化审批程序，而评级较差的申请将被审慎考核。他表示，评级标准一共有四个，分别是产业政策的考量·交易类型的考量·上市公司的诚信状况以及中介机构的资质和水平。上市公司诚信状况主要是根据监管部门日常的监管记录评判。

国家发改委产业协调司有关负责人表示，“从目前来看，跨行业·跨地区·跨所有制的企业兼并存在较大难度，因此，在兼并重组的过程中要处理好中央·企业·地方各方面关系。”

출처: 经济参考报. http://finance.people.com.cn/n/2012/1029/c1004-19414708.html

2. 발음 | dì bā kè qǐyè jiānbìng chóngzǔ

zhòngdiǎn chǎnyè jiānbìng chóngzǔ

guójiā fāgǎiwěi chǎnyè xiétiáosī yǒuguān fùzérén gàosu jìzhě, jiēxiàlái guójiā fāgǎiwěi jiāng zài zhìdìng hé wánshàn zhòngdiǎn chǎnyè zhuānxiàng guīhuà de shíhòu qiánghuà gāngtiě · shuǐní · qìchē děng hángyè jiānbìng chóngzǔ hé táotài luòhòu hángyè yàoqiú。jiāng bǎ jiānbìng chóngzǔ hé táotài luòhòu zuòwéi xīn xiàngmù shěnpī qiántí。jìxù jiāqiáng duì jiānbìng chóngzǔ qǐyè jìshù gǎizào de zhīchí lìdù, zhīchí yǒu tiáojiàn qǐyè jiànlì jìshù zhōngxīn lái tōngguò jiānbìng chóngzǔ táotài luòhòu chǎnnéng。

cáizhèngbù yǒuguān fùzérén biǎoshì, yào jījí zuòhǎo qǐyè jiānbìng chóngzǔ gōngzuò zhōng cáizhèngbù qiāntóu luòshí de gèxiàng gōngzuò, mùqián, guówùyuàn yàoqiú cáizhèngbù pèihé de bā xiàng gōngzuò yě yǐ luòshídào xiāngguān sījú。

"duì shàngshì gōngsī bìnggòu chóngzǔ shēnqǐng, zhèngjiānhuì yìzhí zài yánjiū fēn tōngdào jìnxíng shěnhé。" zhōngguó zhèngjiānhuì yǒuguān fùzérén biǎoshì。 jùtǐ ér yán, jiùshì zhèngjiānhuì jiāng duì píngjí liánghǎo de bìnggòu chóngzǔ shēnqǐng jiǎnhuà shěnpī chéngxù, ér píngjí jiào chà de shēnqǐng jiāng bèi shěnshèn kǎohé。 tā biǎoshì, píngjí biāozhǔn yígòng yǒu sì ge, fēnbié shì chǎnyè zhèngcè de kǎoliàng · jiāoyì lèixíng de kǎoliàng · shàngshì gōngsī de chéngxìn zhuàngkuàng yǐjí zhōngjiè jīgòu de zīzhì hé shuǐpíng。 shàngshì gōngsī chéngxìn zhuàngkuàng zhǔyào shì gēnjù jiānguǎn bùmén rìcháng de jiānguǎn jìlù píngpàn。

guójiā fāgǎiwěi chǎnyè xiétiáosī yǒuguān fùzérén biǎoshì, "cóng mùqián láikàn, kuà hángyè · kuà dìqū · kuà suǒyǒuzhì de qǐyè jiānbìng cúnzài jiào dà nándù, yīncǐ, zài jiānbìng chóngzǔ de guòchéng zhōng yào chùlǐ hǎo zhōngyāng · qǐyè · dìfāng gè fāngmiàn guānxi。"

3. 해설 기업의 합병 · 구조조정

1) 企业兼并重组

qǐyè jiānbìng chóngzǔ
기업의 합병 · 구조조정

企业(qǐyè) : 기업. 1-6.
兼并(jiānbìng) : 1. 동 점거하다. 점유하다. 불법으로 차지하다. 병탄하다. 삼키다.
2. 동 합병하다. → 합병.
重组(chóngzǔ) : 동 재조직하다. 재편성하다. 개편하다. 개조하다. → 구조조정.

2) 重点产业兼并重组

zhòngdiǎn chǎnyè jiānbìng chóngzǔ
중점산업의 합병 · 구조조정

重点(zhòngdiǎn) : 중점. 중요한. 7-9.
产业(chǎnyè) : 산업. 5-9.
重点产业(zhòngdiǎn chǎnyè) : 중점산업.

3) 国家发改委产业协调司有关负责人告诉记者，接下来国家发改委将在制定和完善重点产业专项规划的时候强化钢铁·水泥·汽车等行业兼并重组和淘汰落后行业要求。

guójiā fāgǎiwěi chǎnyè xiétiáosī yǒuguān fùzérén gàosu jìzhě, jiēxiàlái guójiā fāgǎiwěi jiāng zài zhìdìng hé wánshàn zhòngdiǎn chǎnyè zhuānxiàng guīhuà de shíhòu qiánghuà gāngtiě · shuǐní · qìchē děng hángyè jiānbìng chóngzǔ hé táotài luòhòu hángyè yàoqiú。

국가발개위 산업조정국의 관련 책임자가 기자에게 다음 사실을 알려주었다. 즉 이어서 국가발개위는 중점산업의 특정 기획을 제정하고 완벽하게 할 때 강철·시멘트·자동차 등 업종의 합병·구조조정과 도태·낙후 업종의 요구를 장차 강화할 것이다.

国家(guójiā) : 국가. 1-6.

国家发改委(guójiā fāgǎiwěi) : 국가발개위. 中华人民共和国国家发展和改革委员会(중화인민공화국국가발전·개혁위원회)의 약칭이다.

协调(xiétiáo) : 1. 형 어울리다. 조화롭다.
2. 동 어울리게 하다. 조화롭게 하다. 조정하다. → 조정.

司(sī) : 1. 동 주관하다. 담당하다. 경영하다. 조작하다. 관장하다.
2. 명 국(局). 부(部). 〔중앙 행정 기관의 부서명〕

协调司(xiétiáosī) : 조정국(调整局).

国家发改委产业协调司(guójiā fāgǎiwěi chǎnyè xiétiáosī) : 국가발개위 산업조정국. 中华人民共和国国家发展和改革委员会产业协调司(중화인민공화국국가발전·개혁위원회 산업조정국)의 약칭이다.

有关(yǒuguān) : 관련 있는. → 관련. 1-4.

负责人(fùzérén) : 명 책임자.

告诉(gàosu) : 동 말하다. 알리다.

告诉(gàosù) : 동 고소하다. 기소하다.

记者(jìzhě) : 명 기자.

有关负责人告诉记者… : 관련 책임자가 기자에게 …를 알려주다.
→ 관련 책임자가 기자에게 다음 사실을 알려주다. 즉 ….
관련 책임자가 기자에게 전달한 소식에 의하면, ….

接下来(jiēxiàlái) : 다음으로. 이어서. 다음은. 이하는.
将(jiāng) : 장차. 곧. 막. …하게 될 것이다. 1-4.
在(zài) : …에(서). …에 있어서. 1-3.
时候(shíhòu) : 1. 명 때. 시각. 무렵.
2. 명 시간. 동안.
在(zài)…时候(shíhòu) : … 할 때.
制定(zhìdìng) : 동 (정책 · 법률 · 제도 등을) 제정하다. 작성하다. 확정하다.
完善(wánshàn) : 완벽하게〔완전하게〕 하다. 2-5.
专项(zhuānxiàng) : 명 전문(적으로 설립한) 항목. 특정 사항. 주종목.
规划(guīhuà) : 기획. 기획하다. 2-3.
专项规划 : 특정 기획. 전문 기획.
强化(qiánghuà) : 강화하다. 6-16.
钢铁(gāngtiě) : 강철. 4-5.
水泥(shuǐní) : 명 시멘트.
汽车(qìchē) : 명 자동차.
等(děng) : 등. 따위. 1-4.
行业(hángyè) : 업종. 직업. 2-6
淘汰(táotài) : 동 도태하다. 추려 내다. 가려 내다. 골라 내다. 제거하다. → 도태.
落后(luòhòu) : 1. 형 낙후되다. 뒤떨어지다. → 낙후.
2. 형 (원래 계획보다) 뒤처지다. 늦어지다. 지연되다. → 지연.
3. 동 뒤처지다. 낙오하다. → 낙오.
要求(yàoqiú) : 1. 동 요구하다. 요망하다.
2. 명 요구. 요망.

4) 将把兼并重组和淘汰落后作为新项目审批前提。

jiāng bǎ jiānbìng chóngzǔ hé táotài luòhòu zuòwéi xīn xiàngmù shěnpī qiántí。

곧 합병 · 구조조정과 도태 · 낙후를 새로운 항목의 심사허가 전제로 삼을 것이다.

把(bǎ) : 동작이 미치는 대상을〔목적어를〕 동사 앞으로 이끌어 냄. …을〔를〕. 4-3.

作为(zuòwéi) : …로 여기다〔간주하다〕. …으로 삼다. 5-7.

新(xīn) : 새로운. 1-5.

项目(xiàngmù) : 항목. 사항. 종목. 3-3.

审批(shěnpī) : 심사하여 비준〔허가〕하다. → 심사허가. 심사비준. 1-6.

前提(qiántí) : 1. 명 전제. 전제 조건.
2. 명 선결 조건.

5) 继续加强对兼并重组企业技术改造的支持力度，支持有条件企业建立技术中心来通过兼并重组淘汰落后产能。

jìxù jiāqiáng duì jiānbìng chóngzǔ qǐyè jìshù gǎizào de zhīchí lìdù, zhīchí yǒu tiáojiàn qǐyè jiànlì jìshù zhōngxīn lái tōngguò jiānbìng chóngzǔ táotài luòhòu chǎnnéng。

합병 · 구조조정 기업의 기술 개조에 대한 지지력을 계속 강화하고, 조건부 기업의 기술센터 건립을 지지하여서 합병 · 구조조정을 통해 낙후한 생산능력을 도태시킨다.

继续(jìxù) : 계속(하여). 2-3.

加强(jiāqiáng) : 강화하다. 증강하다. 2-3.

对(duì) : …에게. …을 향하여. …에 대해(서). …에 대하여. 1-4.

技术(jìshù) : 1. 명 기술.
2. 명 기교. 재량. 능력.
3. 명 기술 장비.

改造(gǎizào) : 1. 동 개조하다. 재제조하다. → 개조.
2. 동 (일부분 또는 전체를) 개혁하다. 재건하다. 전환하다.
3. 동 (특정한 방식으로 사고 · 사상 등을) 개조하다.

支持(zhīchí) : 지지하다. 3-9.

力度(lìdù) : 역량. 힘의 세기. 1-3.

支持力度(zhīchí lìdù) : 지지하는 힘. 지지력.

条件(tiáojiàn) : 조건. 기준. 3-5.

有条件(yǒutiáojiàn) : 조건을 구비하다. 조건을 갖추다. 조건부(의).

有条件企业 : 조건을 구비한 기업. 조건부 기업.

建立(jiànlì) : 건립하다. 수립하다. 세우다. 2-5.

中心(zhōngxīn) : 센터(center). 〔주로 기관의 명칭으로 씀〕 4-4.

有条件企业建立技术中心 : 조건부 기업이 기술센터를 건립하다
→ 조건부 기업의 기술센터 건립.

支持有条件企业建立技术中心 : 조건부 기업의 기술센터 건립을 지지하다.

来(lái) : 통 동사와 동사 사이에 쓰여, 전자가 방법 · 태도를, 후자가 목적임을 나타냄. 4-3.

支持有条件企业建立技术中心来 : 조건부 기업의 기술센터 건립을 지지하여서.

通过(tōngguò) : …을 거쳐. …에 의해. …를 통해. 2-12.

产能(chǎnnéng) : 生产能力(shēngchǎn nénglì). 생산능력.

6) 财政部有关负责人表示，要积极做好企业兼并重组工作中财政部牵头落实的各项工作，目前，国务院要求财政部配合的8项工作也已落实到相关司局。

cáizhèngbù yǒuguān fùzérén biǎoshì, yào jījí zuòhǎo qǐyè jiānbìng chóngzǔ gōngzuò zhōng cáizhèngbù qiāntóu luòshí de gèxiàng gōngzuò, mùqián, guówùyuàn yàoqiú cáizhèngbù pèihé de bā xiàng gōngzuò yě yǐ luòshídào xiāngguān sījú。

재정부 관련 책임자의 의견에 의하면, 기업의 합병 · 구조조정 업무 중에서 재정부가 이끌어서 실현시키는 각종 업무를 적극적으로 잘 완성해야 하고, 현재 재정부의 협력을 국무원이 요구하는 8항 업무도 상관 부서로 이미 확정되었다.

财政部(cáizhèngbù) : 명 재정부. (미국) 재무부.

表示(biǎoshì) : (언행으로 사상 · 감정 등을) 나타내다. 표시하다. 표명하다.
→ …의 의견에 의하면. 4-4.

要(yào) : 마땅히 …해야만 한다. …해야 한다. 1-9.

积极(jījí) : 적극적이다. 열성적이다. → 적극적으로. 2-11.

做好(zuòhǎo) : 잘 완성하다. 잘하다. 잘 해두다. 다하다. 6-21.

工作(gōngzuò) : 근무. 작업. 일. 업무. 공작. 노동. 2-1.

中(zhōng) : …의 중에. …과정에. …의 가운데에. 4-4.

牵头(qiāntóu) : 통 이끌다. (임시로) 앞장서다. 책임을 지다.

落实(luòshí) : 실현되다. 구체화되다. 확정되다. 실현시키다. 구체화하다. 6-16.

各项(gèxiàng) : 명 각 항. 각종 항목.

目前(mùqián) : 지금. 현재. 1-5.

国务院(guówùyuàn) : 국무원. 2-10.

配合(pèihé) : 1. 통 협동〔협력 · 호응〕하다. 호흡을 맞추다. 조화를 이루다. → 협력.
2. 통 서로 합치되다. 서로 잘 맞다.
3. 통 감합하다. 잘 맞물리도록 끼워 맞추다.

国务院要求财政部配合 : 재정부가 협력하기를 국무원이 요청하다. → 재정부가 협력하도록 국무원이 요청하다. 재정부의 협력을 국무원이 요청하다.

也(yě) : …도. 3-10.

已(yǐ) : 이미. 벌써. 2-6.

到(dào) : 동사 뒤에서 보어로 쓰여, 동작이 목적에 도달했거나 결과가 있음을 나타냄. 1-5. …에. …로. …까지 오다.

落实到(luòshí dào) : 실현해내다. 구체화시키다. 확정해내다.

相关(xiāngguān) : 상관된. 관련된. 연관된. 7-9.

司局(sījú) : 부국(部局). 관공서 등에서 사무를 분담하여 다루는 곳으로, 국(局) · 부(部) · 과(课) 따위를 통틀어 이르는 말이다. → 부서(部署).

7) "对上市公司并购重组申请，证监会一直在研究分通道进行审核。"中国证监会有关负责人表示。

"duì shàngshì gōngsī bìnggòu chóngzǔ shēnqǐng, zhèngjiānhuì yìzhí zài yánjiū fēn tōngdào jìnxíng shěnhé。"zhōngguó zhèngjiānhuì yǒuguān fùzérén biǎoshì。

"상장회사의 인수합병 · 구조조정 신청에 대해, 증감회는 경로를 나누어 사정을 진행하는 것을 줄곧 연구하고 있는 중이다."라고 중국증감회의 관련 책임자는 표명했다.

A) "对上市公司并购重组申请，证监会一直在研究分通道进行审核。"

"duì shàngshì gōngsī bìnggòu chóngzǔ shēnqǐng, zhèngjiānhuì yìzhí zài yánjiū fēn tōngdào jìnxíng shěnhé。"

"상장회사의 인수합병・구조조정 신청에 대해, 증감회는 경로를 나누어 사정을 진행하는 것을 줄곧 연구하고 있는 중이다."라고

B) 中国证监会有关负责人表示。

zhōngguó zhèngjiānhuì yǒuguān fùzérén biǎoshì。

중국증감회의 관련 책임자는 표명했다.

上市(shàngshì)：1. 동 시장에 가다.
2. 동 출시되다. 물건이 시장에 나오다.
3. 동 상장(上场)되다.

公司(gōngsī)：회사. 2-6.

上市公司(shàngshì gōngsī)：상장회사. 발행 주식을 증권거래소에 내놓은 회사.

并购(bìnggòu)：동 인수합병하다. → 인수합병.

申请(shēnqǐng)：신청하다. → 신청. 3-5

证监会(zhèngjiānhuì)：증감회. 중국증권감독관리위원회(中国证券监督管理委员会)의 약칭으로, 中国证监会(중국증감회)라고도 칭함.

一直(yìzhí)：계속. 줄곧. 5-6.

在(zài)：…하고 있는 중이다. 1-3.

研究(yánjiū)：연구하다. 4-4.

分(fēn)：1. 동 나누다. 가르다. 분류하다. 분리하다. 구분하다.
2. 동 분배하다. 할당하다. 배당하다.
3. 동 변별하다. 식별하다. 구분하다. 분간하다. 가리다. 분별하다.

通道(tōngdào)：1. 명 통로. 큰길.
2. 명 채널(channel). 경로.

进行(jìnxíng)：진행하다. …을 하다. 2-11.

审核(shěnhé)：동 (주로 숫자・문자 자료를) 심사하여 결정하다. 사정하다.

8) 具体而言，就是证监会将对评级良好的并购重组申请简化审批程序，而评级较差的申请将被审慎考核。

jùtǐ ér yán, jiùshì zhèngjiānhuì jiāng duì píngjí liánghǎo de bìnggòu chóngzǔ shēnqǐng jiǎnhuà shěnpī chéngxù, ér píngjí jiào chà de shēnqǐng jiāng bèi shěnshèn kǎohé。

구체적으로 말하자면, 바로 증감회는 등급평가가 양호한 인수합병·구조조정 신청에 대해서 심사허가 절차를 장차 간소화할 것이고, 하지만 등급평가가 비교적 좋지 않는 신청은 장차 면밀하고 신중하게 심사를 받을 것이다.

具体(jùtǐ) : 구체적으로. 4-7.

而言(ér yán) : 동 …에 대해〔…으로〕 말하(자)면. …에 근거해 보(자)면.

评级(píngjí) : 동 등급을 평정하다〔매기다〕. 등급을 평가하다. → 등급평가.

良好(liánghǎo) : 형 좋다. 양호하다. 훌륭하다. 만족할 만하다.

简化(jiǎnhuà) : 간소화하다. 단순화하다. 3-7.

程序(chéngxù) : 1. 명 순서. 절차. 단계.
2. 명 프로그램.

而(ér) : 그리고. 그러나. 3-10.

较(jiào) : 1. 동 비교하다. 비하다. 비기다. 견주다. 겨루다.
2. 동 계산하여 비교하다. 따지다. 염두에 두다. 문제삼다.
3. 부 비교적. 좀. 보다. 2-6.
4. 개 …보다. 〔비교의 대상을 끌어오며, 比에 상당함〕

差(chà) : 1. 형 나쁘다. 표준에 못 미치다. 좋지 않다.
2. 동 부족하다. 모자라다.
3. 형 다르다. 차이가 나다.

差(chā) : 1. 형 다르다. 차이가 있다. 어긋나다.
2. 명 차. (어떤 수효에서 다른 수효를 뺀) 나머지.
3. 명 착오. 잘못. 실수. 과오.

被(bèi) : 피동구에서 주어가 동작의 대상임을 나타냄.
〔被 뒤의 주체는 자주 생략됨〕 7-9.

审慎(shěnshèn) : 형 면밀하고 신중하다.

考核(kǎohé) : 1. 동 심사하다.
2. 동 대조하다.

被审慎考核 : 면밀하고 신중하게 심사를 받다.

9) 他表示，评级标准一共有四个，分别是产业政策的考量·交易类型的考量·上市公司的诚信状况以及中介机构的资质和水平。

tā biǎoshì, píngjí biāozhǔn yígòng yǒu sì ge, fēnbié shì chǎnyè zhèngcè de kǎoliàng · jiāoyì lèixíng de kǎoliàng · shàngshì gōngsī de chéngxìn zhuàngkuàng yǐjí zhōngjiè jīgòu de zīzhì hé shuǐpíng。

그의 의견에 의하면, 등급평가 기준은 모두 4개로, 각각 산업정책의 고려 · 거래 유형의 고려 · 상장회사의 신용상태 및 중개기구의 자질과 수준이다.

标准(biāozhǔn)：1. 명 표준. 기준. 잣대.
2. 형 표준의. 표준적이다.

一共(yígòng)：모두. 전부. 5-4.

分别(fēnbié)：1. 동 헤어지다. 이별하다.
2. 동 구별하다. 분별하다. 식별하다.
3. 부 각각. 따로따로.
4. 부 다른 방식으로. 다르게. 별도로.
5. 명 차이. 다름. 차별.

政策(zhèngcè)：정책. 1-3.

考量(kǎoliàng)：동 고려하다. 생각하다. → 고려. 생각.

交易(jiāoyì)：1. 동 교역하다. 매매하다. 거래하다. 사고 팔다.
2. 명 장사. 거래. 교역.

类型(lèixíng)：명 유형.

诚信(chéngxìn)：신용. 신용을 지키다. 6-14.

状况(zhuàngkuàng)：명 상황. 형편. 상태.

以及(yǐjí)： 및. 그리고. 7-9.

中介(zhōngjiè)：1. 동 중개하다. 매개하다.
2. 명 매개. 중개.

机构(jīgòu) ：기구. 6-7.

资质(zīzhì)：명 자질.

水平(shuǐpíng)：1. 명 수평.
2. 명 수준.

10) 上市公司诚信状况主要是根据监管部门日常的监管记录评判。

shàngshì gōngsī chéngxìn zhuàngkuàng zhǔyào shì gēnjù jiānguǎn bùmén rìcháng de jiānguǎn jìlù píngpàn。

상장회사의 신용상태는 주로 감독관리부서의 일상적인 감독관리 기록 판정에 근거한다.

主要(zhǔyào) : 주로. 대부분. 2-11.

根据(gēnjù) : 근거하다. 의거하다. 3-6.

监管(jiānguǎn) : 감독〔감시〕 관리하다. 2-9.

部门(bùmén) : 부서. 부. 1-4.

监管部门 : 감독관리부서.

日常(rìcháng) : 형 일상의. 평소의. 일상적인.

记录(jìlù) : 1. 동 기록하다.
2. 명 기록.
3. 명 서기. 기록 담당자.

评判(píngpàn) : 동 (시비 · 승부 · 우열을) 판정〔결정 · 심사〕하다. → 판정. 결정.

11) 国家发改委产业协调司有关负责人表示，"从目前来看，跨行业 · 跨地区 · 跨所有制的企业兼并存在较大难度，因此，在兼并重组的过程中要处理好中央 · 企业 · 地方各方面关系。"

guójiā fāgǎiwěi chǎnyè xiétiáosī yǒuguān fùzérén biǎoshì, "cóng mùqián láikàn, kuà hángyè · kuà dìqū · kuà suǒyǒuzhì de qǐyè jiānbìng cúnzài jiào dà nándù, yīncǐ, zài jiānbìng chóngzǔ de guòchéng zhōng yào chùlǐ hǎo zhōngyāng · qǐyè · dìfāng gè fāngmiàn guānxi。"

국가발개위 산업조정국 관련 책임자의 의견에 의하면, "현재 상황에서 보면, 업종을 뛰어넘고, 지역을 뛰어넘고, 소유제를 뛰어넘는 기업 합병에는 비교적 커다란 난이도가 존재한다. 그래서 합병 · 구조조정의 과정에서 중앙 · 기업 · 지방 각 방면의 관계를 잘 처리해야 한다."

A) 国家发改委产业协调司有关负责人表示，

guójiā fāgǎiwěi chǎnyè xiétiáosī yǒuguān fùzérén biǎoshì,

국가발개위 산업조정국 관련 책임자의 의견에 의하면,

B) "从目前来看，跨行业·跨地区·跨所有制的企业兼并存在较大难度，因此，在兼并重组的过程中要处理好中央·企业·地方各方面关系。"

"cóng mùqián láikàn, kuà hángyè · kuà dìqū · kuà suǒyǒuzhì de qǐyè jiānbìng cúnzài jiào dà nándù, yīncǐ, zài jiānbìng chóngzǔ de guòchéng zhōng yào chùlǐ hǎo zhōngyāng · qǐyè · dìfāng gè fāngmiàn guānxi。"

"현재 상황에서 보면, 업종을 뛰어넘고, 지역을 뛰어넘고, 소유제를 뛰어넘는 기업 합병에는 비교적 커다란 난이도가 존재한다. 그래서 합병 · 구조조정의 과정에서 중앙 · 기업 · 지방 각 방면의 관계를 잘 처리해야 한다."

从(cóng) : …부터. …을 기점으로. 4-6.

…来看(láikàn) : …에서 보면, …에게 있어서.

跨(kuà) : 뛰어넘다. 초월하다. 7-3.

跨行业 : 업종을 뛰어넘다. 이 업종에서 다른 업종으로 넘어가다.

地区(dìqū) : 지역. 지구. 2-6.

跨地区 : 지역을 뛰어넘다. 이 지역에서 다른 지역으로 넘어가다.
여러 지역(의). 범지역(적). 7-3.

所有制(suǒyǒuzhì) : 명 소유제.

跨所有制 : 소유제를 뛰어넘다. 이 소유제에서 다른 소유제로 넘어가다.

存在(cúnzài) : 존재하다. 점유하고 있다. 존재. 4-8.

难度(nándù) : 난이도. 난도. 6-18.

因此(yīncǐ) : 접 이로 인하여. 그래서. 이 때문에.

在(zài)…中(zhōng) : … 중에서. 7-11.

过程(guòchéng) : 명 과정.

处理(chùlǐ) : 처리하다. 해결하다. 2-6

好(hǎo) : 동사 뒤에 쓰여 동작이 완성되었거나 잘 마무리되었음을 나타냄. 6-21

处理好(chùlǐhǎo) : 잘 처리하다. 다 처리하다.

中央(zhōngyāng) : 중앙(정부). 2-5.

地方(dìfāng) : 지방(정부). 1-6.

方面(fāngmiàn) : 방면. 분야. 영역. 1-6.

关系(guānxi) : 관계. 4-5. *

4. 번역 기업의 합병 · 구조조정

중점산업의 합병 · 구조조정

국가발개위 산업조정국의 관련 책임자가 기자에게 다음 사실을 알려주었다. 즉 이어서 국가발개위는 중점산업의 특정 기획을 제정하고 완벽하게 할 때 강철 · 시멘트 · 자동차 등 업종의 합병 · 구조조정과 도태 · 낙후 업종의 요구를 장차 강화할 것이다. 곧 합병 · 구조조정과 도태 · 낙후를 새로운 항목의 심사허가 전제로 삼을 것이다. 합병 · 구조조정 기업의 기술 개조에 대한 지지력을 계속 강화하고, 조건부 기업의 기술센터 건립을 지지하여서 합병 · 구조조정을 통해 낙후한 생산능력을 도태시킨다.

재정부 관련 책임자의 의견에 의하면, 기업의 합병 · 구조조정 업무 중에서 재정부가 이끌어서 실현시키는 각종 업무를 적극적으로 잘 완성해야 하고, 현재 재정부의 협력을 국무원이 요구하는 8항 업무도 상관 부서로 이미 확정되었다.

"상장회사의 인수합병 · 구조조정 신청에 대해, 증감회는 경로를 나누어 사정을 진행하는 것을 줄곧 연구하고 있는 중이다."라고 중국증감회의 관련 책임자는 표명했다. 구체적으로 말하자면, 바로 증감회는 등급평가가 양호한 인수합병 · 구조조정 신청에 대해서 심사허가 절차를 장차 간소화할 것이고, 하지만 등급평가가 비교적 좋지 않는 신청은 장차 면밀하고 신중하게 심사를 받을 것이다. 그의 의견에 의하면, 등급평가 기준은 모두 4개로, 각각 산업정책의 고려 · 거래 유형의 고려 · 상장회사의 신용상태 및 중개기구의 자질과 수준이다. 상장회사의 신용상태는 주로 감독관리부서의 일상적인 감독관리 기록 판정에 근거한다.

국가발개위 산업조정국 관련 책임자의 의견에 의하면, "현재 상황에서 보면, 업종을 뛰어넘고, 지역을 뛰어넘고, 소유제를 뛰어넘는 기업 합병에는 비교적 커다란 난이도가 존재한다. 그래서 합병 · 구조조정의 과정에서 중앙 · 기업 · 지방 각 방면의 관계를 잘 처리해야 한다." *

第九课

中国企业经济类型

第九课 中国企业经济类型

1. 원문 我国的经济成份划分为两大类别

港澳台投资经济是指港·澳·台地区投资者依照中华人民共和国有关涉外经济的法律·法规，以合资·合作或独资的形式在大陆举办企业而形成的一种经济类型。港·澳·台投资经济参照外商投资经济，可分为合资经营企业·合作经营企业和独资企业3种形式。

其他经济是指以上8种类型之外的其他经济类型。随着经济体制改革的深化，可能会出现新的经济形式，或遇到不易划清的，可列入其他经济类型。

1998年9月，国家统计局制定了《关于统计上划分经济成份的规定》，对我国的经济类型进行了重新划分。其主要内容包括我国的经济成份划分为两大类别，共五种成份类型。第一大类为公有经济，其中包括国有经济和集体经济两种成份类型；第二大类为非公有经济，其中包括私有经济·港澳台经济·外商经济三种成份类型。在具体确定企业经济成份时的推算方法是根据企业实收资本中的国家资本·集体资本·个人资本·港澳台资本和外商资本确定经济成份。即实收资本中的国家资本作为国有经济成份，集体资本作为集体经济成份，个人资本作为私人经济成份，外商资本作为外商经济成份。新的经济成份类型划分，为观察我国社会经济结构变化提供了一个更为准确·全面的工具，为宏观经济决策提供了客观依据，也为我国社会主义市场经济体制的建立提供了一个重要的基础。

검색어: 企业经济类型. 출처: http://baike.baidu.com/view/2135502.htm

2. 발음 dì jiǔ kè zhōngguó qǐyè jīngjì lèixíng

wǒguó de jīngjì chéngfèn huàfēn wéi liǎngdà lèibié

gǎng ào tái tóuzī jīngjì shì zhǐ gǎng·ào·tái dìqū tóuzīzhě yīzhào zhōnghuá rénmín gònghéguó yǒuguān shèwài jīngjì de fǎlǜ·fǎguī, yǐ hézī·hézuò huò dúzī de xíngshì zài dàlù jǔbàn qǐyè ér xíngchéng de yìzhǒng jīngjì lèixíng。 gǎng·ào·tái tóuzī jīngjì cānzhào wàishāng tóuzī jīngjì, kě fēnwéi hézī jīngyíng qǐyè·hézuò jīngyíng qǐyè hé dúzī qǐyè sān zhǒng xíngshì。

qítā jīngjì shì zhǐ yǐshàng bā zhǒng lèixíng zhī wài de qítā jīngjì lèixíng。 suízhe jīngjì tǐzhì gǎigé de shēnhuà, kěnéng huì chūxiàn xīnde jīngjì xíngshì, huò yùdào búyì huàqīng de, kě lièrù qítā jīngjì lèixíng。

yī jiǔ jiǔ bā nián jiǔ yuè, guójiā tǒngjìjú zhìdìng le «guānyú tǒngjì shang huàfēn jīngjì chéngfēn de guīdìng», duì wǒguó de jīngjì lèixíng jìnxíng le chóngxīn huàfēn。 qí zhǔyào nèiróng baōkuō wǒguó de jīngjì chéngfèn huàfēn wéi liǎngdà lèibié, gòng wǔ zhǒng chéngfèn lèixíng。 dìyī dàlèi wéi gōngyǒu jīngjì, qízhōng baōkuō guóyǒu jīngjì hé jítǐ jīngjì liǎng zhǒng chéngfèn lèixíng ; dìèr dàlèi wéi fēi gōngyǒu jīngjì, qízhōng baōkuō sīyǒu jīngjì · gǎng ào tái jīngjì · wàishāng jīngjì sān zhǒng chéngfèn lèixíng。 zài jùtǐ quèdìng qǐyè jīngjì chéngfèn shí de tuīsuàn fāngfǎ shì gēnjù qǐyè shíshōu zīběn zhōng de guójiā zīběn · jítǐ zīběn · gèrén zīběn · gǎng ào tái zīběn hé wàishāng zīběn quèdìng jīngjì chéngfèn。 jí shíshōu zīběn zhōng de guójiā zīběn zuòwéi guóyǒu jīngjì chéngfèn, jítǐ zīběn zuòwéi jítǐ jīngjì chéngfèn, gèrén zīběn zuòwéi sīrén jīngjì chéngfèn, wàishāng zīběn zuòwéi wàishāng jīngjì chéngfèn。 xīnde jīngjì chéngfèn lèixíng huàfēn, wèi guānchá wǒguó shèhuì jīngjì jiégòu biànhuà tígōng le yíge gèngwéi zhǔnquè · quánmiàn de gōngjù, wèi hóngguān jīngjì juécè tígōng le kèguān yījù, yě wèi wǒguó shèhuìzhǔyì shìchǎng jīngjì tǐzhì de jiànlì tígōng le yíge zhòngyào de jīchǔ。

3. 해설 중국 기업의 경제 유형

1) 中国企业经济类型

zhōngguó qǐyè jīngjì lèixíng
중국 기업의 경제 유형

中国(zhōngguó) : 중국. 5-2.
企业(qǐyè) : 기업. 1-6.
经济(jīngjì) : 경제. 1-8.
类型(lèixíng) : 유형. 8-9.

2) 我国的经济成份划分为两大类别

wǒguó de jīngjì chéngfèn huàfēn wéi liǎngdà lèibié
우리 나라의 경제 성분은 2대 분류로 구분된다

我国(wǒguó) : 우리 나라. 4-9.
成份(chéngfèn) : 成分(chéngfēn) 1. 명 (구성) 성분. 요소.
2. 명 출신. 직업. 신분. 계급.
划分(huàfēn) : 1. 동 구분하다.
2. 동 (전체를 여러 부분으로) 나누다. 구획하다.
为(wéi) : 1. 동 하다. 만들다.
2. 동 어떤 동작이나 행위를 나타냄.
〔다스리다 · 종사하다 · 설치하다 · 연구하다 등의 의미를 내포함〕
3. 동 …(으)로 삼다. …(으)로 생각하다〔여기다〕.
4. 동 …(으)로 변〔변화〕하다. …이〔가〕 되다.

5. 동 …이다.

6. 개 …당하다. …에 의하여 …하게 되다. 〔所와 함께 쓰임〕

划分为(huàfēn wéi) : …으로 구분되다.

两大(liǎng dà) : 2대. 양대. 큰 두 가지.

类别(lèibié) : 1. 명 종류. 유별. 종별. 유형. 분류.

2. 동 유별하다. 분류하다.

3) 港澳台投资经济是指港・澳・台地区投资者依照中华人民共和国有关涉外经济的法律・法规，以合资・合作或独资的形式在大陆举办企业而形成的一种经济类型。

gǎng ào tái tóuzī jīngjì shì zhǐ gǎng・ào・tái dìqū tóuzīzhě yīzhào zhōnghuá rénmín gònghéguó yǒuguān shèwài jīngjì de fǎlǜ・fǎguī, yǐ hézī・hézuò huò dúzī de xíngshì zài dàlù jǔbàn qǐyè ér xíngchéng de yìzhǒng jīngjì lèixíng。

홍콩・마카오・타이완 투자 경제는 홍콩・마카오・타이완 지역의 투자자가 중화인민공화국의 대외경제 관련 법률・법규에 의해서, 합자・합작 혹 독자의 형식으로써 중국대륙에서 기업을 운영하여 형성된 경제 유형을 가리킨다.

港(gǎng) : 1. 명 香港(xīanggǎng). 홍콩(Hongkong). 중국 홍콩특별행정구.

2. 명 항만. 항구.

3. 명 비행장. 공항.

4. 명 강의 지류. 〔주로 강 이름에 많이 쓰임〕

澳(ào) : 1. 명 澳门(àomén). 마카오(Macao). 중국 마카오특별행정구.

2. 명 해안선이 움푹 들어가 배가 정박할 수 있게 이루어진 곳.

3. 명 오스트레일리아(Australia). 호주.

台(tái) : 명 台湾(táiwān). 타이완. 대만. 중화민국.

投资(tóuzī) : 투자. 1-1.

指(zhǐ) : 1. 명 손가락.

2. 동 (손가락이나 뾰족한 물건 끝으로) 가리키다. 지시하다.

3. 동 겨냥하다. 초점을 맞추다. 은밀히 지적하다. 암시하다.

4. 동 설명하다. 명확하게 지적하다〔밝히다〕.

5. 동 비평하다. 힐책하다. 질책하다. 지탄하다. 손가락질하다. 비난하다.

是指…：…을 가리키다. …을 설명하다.

地区(dìqū)：지역. 지구. 2-6.

投资者(tóuzīzhě)：투자자. 7-6.

依照(yīzhào)：1. 동 …에 비추다. …을 좇다. …을 따르다. …에 의하다.
2. 개 …에 의해. …에 따라.

中华人民共和国(zhōnghuá rénmín gònghéguó)：중화인민공화국. 중국.

有关(yǒuguān)：관련 있는. 1-4.

涉外(shèwài)：1. 동 외교에 관련되다. → 외교.
2. 형 대외적인. → 대외.

涉外经济(shèwài jīngjì)：대외경제.

法律(fǎlǜ)：법률. 2-7.

有关涉外经济的法律：대외경제와 관련 있는 법률. → 대외경제 관련 법률.

法规(fǎguī)：법규. 2-7.

以(yǐ)：…(으)로(써). …을 가지고. …을 근거로. 3-11.

合资(hézī)：동 합자하다. 공동으로 출자하다. → 합자. 공동 출자.

合作(hézuò)：합작. 협력. 5-3.

或(huò)：혹은. 혹시. 7-7.

独资(dúzī)：동 개인〔단독〕 투자하다. → 독자. 개인〔단독〕 투자.

形式(xíngshì)：명 형식. 형태.

在(zài)：…에(서). …에 있어서. 1-3.

大陆(dàlù)：1. 명 중국 대륙. 〔연해의 도서에 상대해서 하는 말〕
2. 명 대륙.

举办(jǔbàn)：동 거행하다. 개최하다. 열다.

举办企业：기업을 열다. → 기업을 운영하다.

而(ér)：그리고. 그러나. 3-10.

形成(xíngchéng)：형성되다. 2-6.

种(zhǒng)：1. 양 종류. 부류. 가지.
2. 명 종자. 열매. 씨(앗).
3. 명 (～儿) 씨. 〔새로운 동물을 낳아 번식시키는 근원이 되는 것〕
4. 명 종. 종류. 갈래.

一种(yìzhǒng)：한 가지(의). 한 종류(의). 4-3.
一种经济类型：한 가지의 경제 유형. → 경제 유형.

4) 港·澳·台投资经济参照外商投资经济，可分为合资经营企业·合作经营企业和独资企业3种形式。

gǎng · ào · tái tóuzī jīngjì cānzhào wàishāng tóuzī jīngjì, kě fēnwéi hézī jīngyíng qǐyè · hézuò jīngyíng qǐyè hé dúzī qǐyè sān zhǒng xíngshì。
홍콩 · 마카오 · 타이완 투자 경제는 외자경제를 참고하여, 합자경영기업 · 합작경영기업과 독자기업의 3가지 형식으로 구분할 수 있다.

参照(cānzhào)：동 (방법 · 경험 등을) 참조하다. 참고하다.
外商(wàishāng)：1. 명 외국상인.
2. 명 외국상사(商社).
外商投资企业(wàishāng tóuzī qǐyè)：명 외자기업.
外商投资经济(wàishāng tóuzī jīngjì)：명 외자경제.
可(kě)：…해도 좋다. …할 수 있다. 3-9.
分为(fēnwéi)：…으로 나누다. …으로 구분하다. 8-7.
经营(jīngyíng)：경영하다. → 경영. 4-10.
合资经营企业(hézī jīngyíng qǐyè)：합자경영기업.
合作经营企业(hézuò jīngyíng qǐyè)：합작경영기업.
独资企业(dúzī qǐyè)：독자기업. 개인소유기업.

5) 其他经济是指以上8种类型之外的其他经济类型。

qítā jīngjì shì zhǐ yǐshàng bā zhǒng lèixíng zhī wài de qítā jīngjì lèixíng。
기타 경제는 이상 8종 유형 이외의 기타 경제 유형을 가리킨다.

其他(qítā)：대 (사람 · 사물에 쓰여) 기타. 다른 사람〔사물〕.
以上(yǐshàng)：이상(의). 4-6.
之外(zhīwài)：명 …의 외〔밖〕. 이외.

6) 随着经济体制改革的深化，可能会出现新的经济形式，或遇到不易划清的，可列入其他经济类型。

suízhe jīngjì tǐzhì gǎigé de shēnhuà, kěnéng huì chūxiàn xīnde jīngjì xíngshì, huò yùdào búyì huàqīng de, kě lièrù qítā jīngjì lèixíng。

경제체제개혁의 심화에 따라, 아마도 새로운 경제 형식이 나타나고, 혹은 분명하게 구별하기 쉽지 않은 것에 부닥칠 수 있어서, 기타 경제 유형에 편입할 수 있다.

随着(suízhe)：동 (…에) 따르다. …따라서. …뒤이어. …에 따라.

经济体制(jīngjì tǐzhì)：명 경제체제.

改革(gǎigé)：개혁. 2-9.

经济体制改革(jīngjì tǐzhì gǎigé)：경제체제개혁.

深化(shēnhuà)：심화되다. → 심화. 3-9.

可能(kěnéng)：1. 형 가능하다.
2. 명 가능성. 가망.
3. 부 아마도. 아마 (…일지도 모른다). 어쩌면.

会(huì)： 1. 동 (배워서) …를 할 수 있다. …할 줄 알다.
〔이해하거나 능력이 있어서 어떤 일을 하는 것을 나타냄〕
2. 동 …을 잘하다. …에 뛰어나다〔능하다〕.
〔어떤 일에 뛰어남을 나타냄〕
3. 동 …할 가능성이 있다. …할 것이다.
〔실현 가능성이 있음을 나타냄〕
4. 명 회. 모임. 집회. 회합.
5. 동 모이다. 모으다. 집중시키다.
6. 동 만나다.
7. 동 이해하다. 파악하다. 깨닫다.
8. 동 능숙하다. 숙달하다. 통달하다. 잘 알다〔하다〕.
9. 명 회. 단체. 조직.
10. 명 중심 도시. 대도시 혹은 행정의 중심지.
11. 명 시기. 기회.
12. 명 (～儿) 짧은 시간. 잠깐 동안.

出现(chūxiàn)：출현하다. 나타나다. 6-15.

新的(xīnde)：새로운. 7-6.

遇到(yùdào) : 동 만나다. 마주치다. 부딪치다. 부닥치다. 맞닥뜨리다. 봉착하다.
不易(búyì) : 1. 형 쉽지 않다. 어렵다.
2. 동 바꿀 수 없다. 변하지 않다. 불변하다.
划清(huàqīng) : 동 분명하게 구분〔구별〕하다.
不易划清的 : 분명하게 구별하기 쉽지 않은 것.
列入(lièrù) : 동 (…에) 집어넣다. (…에) (끼워) 넣다. (…에) 편입하다.

7) 1998年9月，国家统计局制定了«关于统计上划分经济成份的规定»，对我国的经济类型进行了重新划分。

yī jiǔ jiǔ bā nián jiǔ yuè, guójiā tǒngjìjú zhìdìng le «guānyú tǒngjì shang huàfēn jīngjì chéngfēn de guīdìng», duì wǒguó de jīngjì lèixíng jìnxíng le chóngxīn huàfēn。
1998년 9월, 국가통계국은 〈통계상 경제 성분의 구분에 관한 규정〉을 제정했고, 우리 나라의 경제 유형에 대해 새로운 구분을 진행했다.

国家统计局(guójiā tǒngjìjú) : 中华人民共和国国家统计局(중화인민공화국 국가통계국)의 약칭. 국가통계국.
制定(zhìdìng) : 제정하다. 작성하다. 8-3.
关于(guānyú) : 1. 개 …에 관해서 〔관하여〕. 〔어떤 행위의 관계자를 이끌어들여 개사 구조를 이루어 부사어로 쓰임〕
2. 개 …에 관한. 〔어떤 행위의 관계자를 이끌어들여 개사 구조를 이루어 부사어를 만들거나(뒤에 的를 더함) '是…的(…인 것이다)' 구문에서 술어로 쓰임〕
统计(tǒngjì) : 통계. 6-15.
上(shang) : …상. …에 관한. …적으로. 4-6.
经济成份(jīngjì chéngfēn) : 경제 성분.
统计上划分经济成份 : 통계상 경제 성분을 구분하다. → 통계상 경제 성분의 구분.
规定(guīdìng) : 규정. 규칙. 3-5.
关于统计上划分经济成份的规定 : 통계상 경제 성분의 구분에 관한 규정.
对(duì) : …에 대해(서). …에 대하여. 1-4.

进行(jìnxíng) : 진행하다. …을 하다. 2-11.

重新(chóngxīn) : 1. 부 다시. 재차.

2. 부 (방식이나 내용을 바꾸어) 새로. → 새로운.

进行了重新划分 : 새로운 구분을 진행했다. → 새로이 구분했다.

8) 其主要内容包括我国的经济成份划分为两大类别，共五种成份类型。

qí zhǔyào nèiróng baōkuō wǒguó de jīngjì chéngfèn huàfēn wéi liǎngdà lèibié, gòng wǔ zhǒng chéngfèn lèixíng。

그 주요 내용은 우리 나라의 경제 성분이 2대 분류로 구분되고, 모두 5가지의 성분 유형을 포함한다.

其(qí) : 그. 그것들. 5-3.

主要(zhǔyào) : 주요한. 주로. 2-11.

内容(nèiróng) : 내용. 7-4.

包括(baōkuō) : 포함하다. 포괄하다. 3-5.

共(gòng) : 1. 동 함께〔같이〕하다. 공유하다.

2. 형 같은. 동일한. 공통의.

3. 부 전부. 모두. 통틀어. 도합.

9) 第一大类为公有经济，其中包括国有经济和集体经济两种成份类型；

dìyī dàlèi wéi gōngyǒu jīngjì, qízhōng baōkuō guóyǒu jīngjì hé jítǐ jīngjì liǎng zhǒng chéngfèn lèixíng ;

첫 번째 상위분류는 공유경제이고, 그중에는 국유경제와 집단경제의 2가지 성분 유형을 포함하고,

第一(dìyī) : 1. 수 제1. 최초. 첫(번)째. 맨 처음.

2. 형 가장 중요하다. 제일이다.

大类(dàlèi) : 1. 명 상위분류. 넓은 분류. 대분류. 큰 범주.

2. 동 대별하다. 매우 비슷하다.

公有(gōngyǒu) : 통 국가〔공공 기관 · 단체〕에서 소유하다. 공유하다.
公有经济(gōngyǒu jīngjì) : 명 공유경제.
其中(qízhōng) : 그중(에). 그 가운데(에). 5-5.
国有经济(guóyǒu jīngjì) : 명 국유경제.
集体(jítǐ) : 명 집단. 단체.
集体经济(jítǐ jīngjì) : 명 집단경제. 공동경제.

10) 第二大类为非公有经济，其中包括私有经济 · 港澳台经济 · 外商经济三种成份类型。

dìèr dàlèi wéi fēi gōngyǒu jīngjì, qízhōng baōkuō sīyǒu jīngjì · gǎng ào tái jīngjì · wàishāng jīngjì sān zhǒng chéngfèn lèixíng。

두 번째 상위분류는 비공유경제이고, 그중에는 사유경제와 홍콩 · 마카오 · 타이완 경제 및 외자경제의 3가지 성분 유형을 포함한다.

非公有经济(fēi gōngyǒu jīngjì) : 명 비공유경제.
私有经济(sīyǒu jīngjì) : 명 사유경제.
港澳台经济(gǎng ào tái jīngjì) : 홍콩 · 마카오 · 타이완 경제.
外商经济(wàishāng jīngjì) : 外商投资经济, 명 외자경제. 외상경제.

11) 在具体确定企业经济成份时的推算方法是根据企业实收资本中的国家资本 · 集体资本 · 个人资本 · 港澳台资本和外商资本确定经济成份。

zài jùtǐ quèdìng qǐyè jīngjì chéngfèn shí de tuīsuàn fāngfǎ shì gēnjù qǐyè shíshōu zīběn zhōng de guójiā zīběn · jítǐ zīběn · gèrén zīběn · gǎng ào tái zīběn hé wàishāng zīběn quèdìng jīngjìchéngfèn。

기업의 경제 성분을 구체적으로 확정할 때의 추산 방법은 기업 납입자본 중의 국가자본, 집단자본, 개인자본, 홍콩 · 마카오 · 타이완 자본, 외자자본에 근거하여 경제 성분을 확정한다.

在(zài)…时(shí)：在(zài)…时候(shíhòu), … 할 때. 8-3.

具体(jùtǐ)：구체적이다. → 구체적으로. 4-7.

确定(quèdìng)：확정하다. 6-4.

时(shí)：1. 명 때. 시대. 시기. 〔비교적 긴 시간을 나타냄〕

2. 명 시. 〔현재의 시각 단위〕

3. 명 (정해진) 시간.

4. 명 시기. 기회. 알맞은 때.

5. 형 일시의. 시기. 적절한.

6. 부 늘. 항상. 종종. 자주.

7. 부 이따금. 때로. 〔주로 时… 时…의 형태로 겹쳐 씀〕

推算(tuīsuàn)：1. 동 추산하다. 미루어 계산하다.

2. 동 운명을 점치다.

方法(fāngfǎ)：명 방법. 수단. 방식.

根据(gēnjù)：…에 의거〔근거〕하여. 3-6.

实收资本(shíshōu zīběn)：명 납입자본. 불입자본. 갹출자본.

实收(shíshōu)：명 실수입. 실제로 받은 금액.

中(zhōng)：중. 한가운데. 중심. 중앙. 중간. 4-4.

国家资本(guójiā zīběn)：명 국가자본.

集体资本(jítǐ zīběn)：명 집단자본. 공동자본.

个人资本(gèrén zīběn)：명 개인자본.

港澳台资本(gǎng ào tái zīběn)：홍콩・마카오・타이완 자본.

外商资本(wàishāng zīběn)：명 외자자본. 외상자본.

12) 即实收资本中的国家资本作为国有经济成份，集体资本作为集体经济成份，个人资本作为私人经济成份，外商资本作为外商经济成份。

jí shíshōu zīběn zhōng de guójiā zīběn zuòwéi guóyǒu jīngjì chéngfèn, jítǐ zīběn zuòwéi jítǐ jīngjì chéngfèn, gèrén zīběn zuòwéi sīrén jīngjì chéngfèn, wàishāng zīběn zuòwéi wàishāng jīngjì chéngfèn。

즉 납입자본 중의 국가자본은 국유경제 성분이 되고, 집단자본은 집단경제 성분이 되고, 개인자본은 민간경제 성분이 되고, 외자자본은 외자경제 성분이 된다.

即(jí)：1. 접 설령 …하더라도〔할지라도 · 일지라도〕.
〔구와 구를 연결하여 가설 겸 양보를 나타내며, 即使에 상당함〕
2. 부 곧. 즉. 바로. 〔판단문에 쓰여 긍정을 나타내며, 就 · 就是에 상당함〕
3. 부 …하면 바로〔즉각 · 곧〕.
〔어떤 조건 아래에서 어떤 결과가 발생함을 나타냄〕

作为(zuòwéi)：…이〔으로〕 되다. …로 여기다. …으로 삼다. …로 하다. 5-7.

私人(sīrén)：1. 형 개인 간의. 개인과 개인 사이의.
2. 형 개인의. 사적인. 민간의.
3. 명 연고자. 개인적으로 연관이 있는 사람.

私人经济(sīrén jīngjì)：명 민간경제.

13) 新的经济成份类型划分，为观察我国社会经济结构变化提供了一个更为准确·全面的工具，为宏观经济决策提供了客观依据，也为我国社会主义市场经济体制的建立提供了一个重要的基础。

xīnde jīngjì chéngfèn lèixíng huàfēn, wèi guānchá wǒguó shèhuì jīngjì jiégòu biànhuà tígōng le yíge gèngwéi zhǔnquè · quánmiàn de gōngjù, wèi hóngguān jīngjì juécè tígōng le kèguān yījù, yě wèi wǒguó shèhuìzhǔyì shìchǎng jīngjì tǐzhì de jiànlì tígōng le yíge zhòngyào de jīchǔ。

새로운 경제 성분의 유형 구분은, 우리 나라 사회 · 경제 구조변화의 관찰을 위해 더욱 정확하고 전면적인 도구를 제공했고, 거시경제의 정책결정을 위해 객관적 근거를 제공했으며, 또한 우리 나라 사회주의시장경제체제의 수립을 위해 중요한 기초를 제공했다.

为(wèi)：…하기 위해. 1-6.

观察(guānchá)：동 (사물 · 현상을) 관찰하다. 살피다.

社会(shèhuì)：사회. 2-11.

经济(jīngjì)：경제. 1-8.

结构(jiégòu)：구조. 구성. 조직. 짜임새. 1-7.

变化(biànhuà)：1. 동 변화하다. 달라지다.
2. 명 변화.
3. 동 바꾸다.

为观察我国社会经济结构变化：우리 나라 사회 · 경제의 구조변화를 관찰하기 위해
→ 우리 나라 사회 · 경제 구조변화의 관찰을 위해.

提供(tígōng)：제공하다. 공급하다. 1-6.

更为(gèngwéi)：부 더욱. 더. 훨씬. 한층 더. 가일층. 더군다나. 보다 더.

准确(zhǔnquè)：형 확실하다. 정확하다. 틀림없다. 꼭 맞다.

全面(quánmiàn)：전면적이다. 전반적이다. 5-3.

工具(gōngjù)：1. 명 공구. 작업 도구.
2. 명 수단. 도구. 방법.

一个更为准确・全面的工具：하나의 더욱 정확하고 전면적인 도구
→ 더욱 정확하고 전면적인 도구.

宏观经济(hóngguān jīngjì)：명 거시경제.

决策(juécè)：1. 명 결정된 책략〔정책・전술・전략・방침〕.
2. 동 책략〔정책・방침〕 등을 결정하다. →정책결정.

客观(kèguān)：1. 형 객관적이다.
2. 명 객관.
3. 명 객관. 인식의 대상.

依据(yījù)：1. 동 의거하다. 근거하다.
2. 명 근거.

也(yě)：…도. 또한. 3-10.

社会主义(shèhuìzhǔyì)：1. 명 사회주의.
2. 명 과학적 사회주의의 사상 체계.

市场经济体制(shìchǎng jīngjì tǐzhì)：명 시장경제체제.

社会主义市场经济体制(shèhuìzhǔyì shìchǎng jīngjì tǐzhì)：사회주의시장경제체제.

建立(jiànlì)：수립하다. 건립하다. → 수립. 건립. 2-5.

重要(zhòngyào)：중요하다. 4-5.

基础(jīchǔ)：기초. 1-4. *

4. 번역 중국 기업의 경제 유형

우리 나라의 경제 성분은 2대 분류로 구분된다

홍콩 · 마카오 · 타이완 투자 경제는 홍콩 · 마카오 · 타이완 지역의 투자자가 중화인민공화국의 대외경제 관련 법률 · 법규에 의해서, 합자 · 합작 혹 독자의 형식으로써 중국대륙에서 기업을 운영하여 형성된 경제 유형을 가리킨다. 홍콩 · 마카오 · 타이완 투자 경제는 외자경제를 참고하여, 합자경영기업 · 합작경영기업과 독자기업의 3가지 형식으로 구분할 수 있다.

기타 경제는 이상 8종 유형 이외의 기타 경제 유형을 가리킨다. 경제체제개혁의 심화에 따라, 아마도 새로운 경제 형식이 나타나고, 혹은 분명하게 구별하기 쉽지 않은 것에 부닥칠 수 있어서, 기타 경제 유형에 편입할 수 있다.

1998년 9월, 국가통계국은 〈통계상 경제 성분의 구분에 관한 규정〉을 제정했고, 우리 나라의 경제 유형에 대해 새로운 구분을 진행했다. 그 주요 내용은 우리 나라의 경제 성분이 2대 분류로 구분되고, 모두 5가지의 성분 유형을 포함한다. 첫 번째 상위분류는 공유경제이고, 그중에는 국유경제와 집단경제의 2가지 성분 유형을 포함하고, 두 번째 상위분류는 비공유경제이고, 그중에는 사유경제와 홍콩 · 마카오 · 타이완 경제 및 외자경제의 3가지 성분 유형을 포함한다. 기업의 경제 성분을 구체적으로 확정할 때의 추산 방법은 기업 납입자본 중의 국가자본, 집단자본, 개인자본, 홍콩 · 마카오 · 타이완 자본, 외자자본에 근거하여 경제 성분을 확정한다. 즉 납입자본 중의 국가자본은 국유경제 성분이 되고, 집단자본은 집단경제 성분이 되고, 개인자본은 민간경제 성분이 되고, 외자자본은 외자경제 성분이 된다. 새로운 경제 성분의 유형 구분은, 우리 나라 사회·경제 구조변화의 관찰을 위해 더욱 정확하고 전면적인 도구를 제공했고, 거시경제의 정책결정을 위해 객관적 근거를 제공했으며, 또한 우리 나라 사회주의 시장경제체제의 수립을 위해 중요한 기초를 제공했다. *

第十课

收入分配改革总体方案

第十课 收入分配改革总体方案

1. 원문 总体方案共涉及十大问题

据媒体此前普遍报道，国家发改委已经完成了《方案》初稿的起草工作，目前正在深入征求部级以上官员对《方案》的意见。

总体方案共涉及十大问题，包括居民收入在国民收入分配中的比重·工资正常增长和最低工资标准·国有资本经营预算与收益分享制度·公共资源出让收益的全民共享机制·高收入者的税收调节·国有企业金融机构高管人员薪酬管理以及公务员津贴补贴和事业单位绩效工资等。

国家开发银行顾问刘克崮日前在公开场合表示，改革开放后的收入分配改革打破了计划经济时期的“大锅饭”·“平均主义”格局，调动了个人·企业·政府的积极性；但对于公平与均衡问题则有所忽视，积累了一些问题，应当通过深化改革，进一步规范收入分配秩序。为此，他建议要更好地发挥政府在调节收入再分配中的作用，加快财税体制改革，规范收入分配秩序，促进经济发展方式转变和社会和谐稳定。

清华大学中国经济研究中心研究员教授常修译认为，居民的收入增长远远跟不上财富增长，“这是一个很大的战略性的问题”，因此必须实行一种新的改革思路，就是使居民收入增长幅度能够跟上社会财富增长的幅度，“这两个应该同步，现在这个同步化差距比较大，离差越来越大，因此整个社会应该对这个事情引起关注。”

출처: 中国网. http://finance.people.com.cn/n/2012/1007/c1004-19180446.html

2. 발음 dì shí kè shōurù fēnpèi gǎigé zǒngtǐ fāng`àn

zǒngtǐ fāng`àn gòng shèjí shí dà wèntí

jù méitǐ cǐqián pǔbiàn bàodào，guójiā fāgǎiwěi yǐjīng wánchéng le «fāng`àn» chūgǎo de qǐcǎo gōngzuò，mùqián zhèngzài shēnrù zhēngqiú bùjí yǐshàng guānyuán duì «fāng`àn» de yìjiàn。

zǒngtǐ fāng`àn gòng shèjí shí dà wèntí，baōkuō jūmín shōurù zài guómín shōurù fēnpèi zhōng de bǐzhòng · gōngzī zhèngcháng zēngzhǎng hé zuìdī gōngzī biāozhǔn · guóyǒu zīběn jīngyíng yùsuàn yǔ shōuyì fēnxiǎng zhìdù · gōnggòng zīyuán chūràng shōuyì de quánmín gòngxiǎng jīzhì · gāoshōurùzhě de shuìshōu tiáojié · guóyǒu qǐyè jīnróng jīgòu gāoguǎn rényuán xīnchóu guǎnlǐ yǐjí gōngwùyuán jīntiē bǔtiē hé shìyè dānwèi jìxiào gōngzī děng。

guójiā kāifā yínháng gùwèn Liú Kègù rìqián zài gōngkāi chǎnghé biǎoshì，gǎigé kāifàng hòu de shōurù fēnpèi gǎigé dǎpò le jìhuà jīngjì shíqī de “dàguōfàn” · “píngjūn zhǔyì” géjú，diàodòng le gèrén ·

qǐyè·zhèngfǔ de jījíxìng；dàn duìyú gōngpíng yǔ jūnhéng wèntí zé yǒusuǒ hūshì，jīlèi le yìxiē wèntí，yīngdāng tōngguò shēnhuà gǎigé，jìnyíbù guīfàn shōurù fēnpèi zhìxù。wèi cǐ，tā jiànyì yào gènghǎodi fāhuī zhèngfǔ zài tiáojié shōurù zàifēnpèi zhōng de zuòyòng，jiākuài cáishuì tǐzhì gǎigé，guīfàn shōurù fēnpèi zhìxù，cùjìn jīngjì fāzhǎn fāngshì zhuǎnbiàn hé shèhuì héxié wěndìng。

Qīnghuá dàxué zhōngguó jīngjì yánjiū zhōngxīn yánjiūyuán jiàoshòu Cháng Xiūyì rènwéi，jūmín de shōurù zēngzhǎng yuǎnyuǎn gēnbúshàng cáifù zēngzhǎng，"zhè shì yíge hěn dà de zhànlüèxìng de wèntí"，yīncǐ bìxū shíxíng yìzhǒng xīnde gǎigé sīlù，jiùshì shǐ jūmín shōurù zēngzhǎng fúdù nénggòu gēnshàng shèhuì cáifù zēngzhǎng de fúdù，"zhè liǎngge yīnggaī tóngbù，xiànzài zhège tóngbùhuà chājù bǐjiào dà，líchā yuèláiyuè dà，yīncǐ zhěnggè shèhuì yīnggaī duì zhège shìqíng yǐnqǐ guānzhù。"

3. 해설 소득분배 개혁의 총체적 방안

1) 收入分配改革总体方案

shōurù fēnpèi gǎigé zǒngtǐ fāng`àn

소득분배 개혁의 총체적 방안

收入(shōurù) : 소득. 수입. 3-3.

分配(fēnpèi) : 1. 동 분배하다. 할당하다. 배급하다. → 분배. 할당. 배급.

2. 동 배치하다. 배속하다. 안배하다.

收入分配 : 소득분배.

改革(gǎigé) : 개혁. 2-9.

总体(zǒngtǐ) : 명 총체. 전체. → 총체적인. 전체적인.

方案(fāng`àn) : 1. 명 방안.

2. 명 법식. 표준 양식〔격식〕. 규칙.

2) 总体方案共涉及十大问题

zǒngtǐ fāng`àn gòng shèjí shí dà wèntí

총체적 방안은 모두 10대 문제와 연관되다

总体方案(zǒngtǐ fāng`àn) : "收入分配改革总体方案"의 약칭. 총체적 방안.

共(gòng) : 전부. 모두. 통틀어. 도합. 9-8.

涉及(shèjí) : 관련되다. 연관되다. 연루되다. 7-5.

问题(wèntí) : 문제. 2-6.

3) 据媒体此前普遍报道，国家发改委已经完成了«方案»初稿的起草工作，目前正在深入征求部级以上官员对«方案»的意见。

jù méitǐ cǐqián pǔbiàn bàodào, guójiā fāgǎiwěi yǐjīng wánchéng le «fāng`àn» chūgǎo de qǐcǎo gōngzuò, mùqián zhèngzài shēnrù zhēngqiú bùjí yǐshàng guānyuán duì «fāng`àn» de yìjiàn。

이전에 널리 퍼져 있는 대중매체의 보도에 따르면, 국가발개위는 이미 〈방안〉 초고의 기초 작업을 완성했고, 국무원 부급 이상 관리의 〈방안〉에 대한 의견을 현재 심도 있게 구하고 있는 중이다.

据(jù) : 1. 개 …에 따르면. …에 의거〔근거〕하여.
2. 동 점유하다. 점거하다.
3. 동 의지하다. 기대다.

媒体(méitǐ) : 대중매체. 매스 미디어. 2-11.

此前(cǐqián) : 명 이전.

普遍(pǔbiàn) : 형 보편적인. 일반적인. 전면적인. 널리 퍼져 있는.

报道(bàodào) : 보도. 2-11

据媒体此前普遍报道 : 대중매체의 이전 널리 퍼져 있는 보도에 따르면
→ 이전에 널리 퍼져 있는 대중매체의 보도에 따르면.

国家发改委(guójiā fāgǎiwěi) : 국가발개위. 8-3

已经(yǐjīng) : 이미. 벌써. 1-4.

完成(wánchéng) : 동 완성하다. (예정대로) 끝내다. 완수하다.

初稿(chūgǎo) : 1. 명 (시문의) 초고.
2. 명 아직 교정하지 않은 원고.

起草(qǐcǎo) : 동 기초하다. 글의 초안을 작성하다.

工作(gōngzuò) : 작업. 업무. 근무. 일. 공작. 노동.2-1.

目前(mùqián) : 지금. 현재. 1-5.

正在(zhèngzài) : 지금〔한창〕 …하고 있다. 7-13.
〔동작이나 행위가 진행 중임을 나타냄〕

深入(shēnrù) : 심도 있게. 철저하게. 깊게. 2-10.

征求(zhēngqiú) : 동 (서면이나 구두로) 탐방하여 구하다〔묻다〕. (널리) 구하다.

部(bù) : 1. 명 (중국 최고행정기관 국무원의 하위 조직. 우두머리는 部长임) 부.
2. 명 (기관 · 기업에서 업무에 따라 나눈 단위) 부.

3. 명 부분. 부위.
4. 명 부문. 분류. 구분.
5. 양 부. 편. 〔서적이나 영화 편수 등을 세는 단위〕

级(jí)：1. 명 등급. 계급.
2. 명 층계. 계단. 섬돌.
3. 명 학년.
4. 양 층. 계단. 급. 〔층계 · 계단 · 탑 등의 층을 세는 단위〕

部级(bùjí)：(중국 국무원의) 부급(예: 外交部, 国防部, 科学技术部 등).

以上(yǐshàng)：이상. 위. 4-6.

官员(guānyuán)：명 관원. 관리.

部级以上官员：(국무원) 부급 이상 관리.

对(duì)：…에 대해(서). …에 대하여. 1-4.

意见(yìjiàn)：의견. 2-10.

4) 总体方案共涉及十大问题，包括居民收入在国民收入分配中的比重 · 工资正常增长和最低工资标准 · 国有资本经营预算与收益分享制度 · 公共资源出让收益的全民共享机制 · 高收入者的税收调节 · 国有企业金融机构高管人员薪酬管理以及公务员津贴补贴和事业单位绩效工资等。

zǒngtǐ fāng`àn gòng shèjí shí dà wèntí, baōkuō jūmín shōurù zài guómín shōurù fēnpèi zhōng de bǐzhòng · gōngzī zhèngcháng zēngzhǎng hé zuìdī gōngzī biāozhǔn · guóyǒu zīběn jīngyíng yùsuàn yǔ shōuyì fēnxiǎng zhìdù · gōnggòng zīyuán chūràng shōuyì de quánmín gòngxiǎng jīzhì · gāoshōurùzhě de shuìshōu tiáojié · guóyǒu qǐyè jīnróng jīgòu gāoguǎn rényuán xīnchóu guǎnlǐ yǐjí gōngwùyuán jīntiē bǔtiē hé shìyè dānwèi jìxiào gōngzī děng。

총체적 방안은 모두 10대 문제와 연관되어 있고, 국민 소득분배 중에서의 주민 소득 비중, 임금의 정상적 증가와 최저 임금 기준, 국유자본 경영 예산과 수익 배분 제도, 공공자원 양도 수익의 국민 공유 메커니즘, 고소득자의 세수 조절, 국유 기업 금융기구 고위직 임원의 임금 관리 그리고 공무원 수당과 보조금 및 비영리기관의 성과급 등을 포함한다.

包括(baōkuō)：포함하다. 포괄하다. 3-5.

居民(jūmín)：명 주민. 거(주)민.

在(zài)…中(zhōng)：… 중에서. 7-11
国民(guómín)：국민. 4-5.
比重(bǐzhòng)：비중. 1-5.
工资(gōngzī)：명 급여. 임금. 노임.
正常(zhèngcháng)：형 정상적인.
增长(zēngzhǎng)：증가. 성장. 향상. 신장. 1-5.
和(hé)：…과〔와〕. 1-2.
最低(zuìdī)：형 가장 낮다. 최저이다.
标准(biāozhǔn)：표준. 기준. 잣대. 8-9.
国有(guóyǒu)：국유. 1-5.
资本(zīběn)：자본. 1-4.
经营(jīngyíng)：경영. 4-10.
预算(yùsuàn)：예산. 2-4.
与(yǔ)：…와〔과〕. 2-7.
收益(shōuyì)：명 수익. 이득. 수입.
分享(fēnxiǎng)：통 함께 나누다〔누리다〕. 배분〔분배〕하다. → 배분. 분배.
制度(zhìdù)：제도. 3-5.
收益分享制度：수익 배분 제도.
公共(gōnggòng)：공공의. 공용의. 공동의. 2-8.
资源(zīyuán)：명 자원.
出让(chūràng)：통 이윤 없이 판매하다〔양도하다 · 매도하다〕. → 매도. 양도.
全民(quánmín)：명 전체 국민.
共享(gòngxiǎng)：통 함께 나누다〔누리다〕. 공유하다. → 공유.
机制(jīzhì)：메커니즘(mechanism). 체제. 시스템. 2-5.
全民共享机制：국민 공유 메커니즘.
高收入者(gāoshōurùzhě)：고소득자.
税收(shuìshōu)：명 세수. 세금 수입.
调节(tiáojié)：통 조절하다. → 조절.
企业(qǐyè)：기업. 1-6.
金融(jīnróng)：금융. 6-1.
机构(jīgòu)：기구. 6-7.
高管(gāoguǎn)：명 고위직 관리. 기업의 고위 임원.

人员(rényuán) : 인원. 요원. 1-6.

高管人员(gāoguǎn rényuán) : 고위직 관리 인원. 고위직 관리자. 고위직 임원.

薪酬(xīnchóu) : 명 봉급. 급료. 급여. 품삯. 임금. 노임.

管理(guǎnlǐ) : 관리. 3-3

以及(yǐjí) : 및. 그리고. 아울러. 7-9.

公务员(gōngwùyuán) : 1. 명 공무원.
2. 명 잡역부. 고용원.

津贴(jīntiē) : 1. 명 수당.
2. 명 보조금.
3. 동 수당〔보조금〕을 지급하다. 보조하다. 보태 주다.

补贴(bǔtiē) : 1. 명 보조금. 수당.
2. 동 보조하다. 보태 주다.

事业(shìyè) : 1. 명 사업.
2. 명 (기업과 달리, 생산이나 수입이 없이 국가의 경비로 운영되는) 비영리적 사회활동.

单位(dānwèi) : 1. 명 직장. 기관. 단체. 회사. (기관 내의) 부. 부서. 부문. 단위.
2. 명 단위.

事业单位 : 비영리기관.

绩效(jìxiào) : 명 업적과 성과.

绩效薪酬(jìxiào xīnchóu) : 명 성과급.

绩效工资(jìxiào gōngzī) : 명 성과급.

等(děng) : 등. 따위. 1-4.

5) 国家开发银行顾问刘克崮日前在公开场合表示，改革开放后的收入分配改革打破了计划经济时期的“大锅饭”·“平均主义”格局，调动了个人·企业·政府的积极性；

guójiā kāifā yínháng gùwèn Liú Kègù rìqián zài gōngkāi chǎnghé biǎoshì, gǎigé kāifàng hòu de shōurù fēnpèi gǎigé dǎpò le jìhuà jīngjì shíqī de “dàguōfàn” · “píngjūn zhǔyì” géjú, diàodòng le gèrén · qǐyè · zhèngfǔ de jījíxìng ;

국가개발은행 고문 리유 커구가 며칠 전 공개 장소에서 발표한 의견에 의하면, 즉 개혁개방 이후의 소득분배 개혁은 계획경제시기의 “평균분배” · “절대평등주의”의 구조를 타파했고, 개인 · 기업 · 정부의 적극성을 불러일으켰다 ;

国家开发银行(guójiā kāifā yínháng) : 국가개발은행은 1994년 성립되었고, 국무원 직속의 정책성 은행이다. 2008년 12월 국가개발은행주식회사로 체제를 바꾸었다. 경영범위는 금융서비스이고, 회사의 성질은 중앙금융기업이다.

顾问(gùwèn) : 명 고문.

刘克崮(Liú Kègù) : Liu Kegu. 리유 커구. 〔사람 이름〕

日前(rìqián) : 명 일전. 며칠 전.

公开(gōngkāi) : 1. 형 공개적인. 터놓은. 오픈된. 드러난.
2. 동 공개하다. 공개되다.

场合(chănghé) : 명 특정한 시간〔장소 · 상황 · 경우 · 장면〕.

公开场合 : 공개 장소.

表示(biăoshì) : …라고 (의견을) 나타내다(표명하다). → …의 의견에 의하면. 4-4.

开放(kāifàng) : 개방. 1-1.

后(hòu) : 1. 형 (시간상으로) 뒤의. 후의. 다음의. 나중의. 장래의. 미래의.
2. 형 (순서상으로) 뒤의. 후의. 말미의.
3. 명 (사람 · 건물 · 사물의) 뒤. 후.
4. 명 후대. 자손. 자식. 후계자.

打破(dăpò) : 동 (기존의 제한, 구속, 속박 등을) 타파하다. 깨다. 때려부수다.

计划经济(jìhuà jīngjì) : 명 계획경제. 〔市场经济(시장 경제)와 구별됨〕
한 나라의 경제 전체 부문이 국가의 의사에 따라 통일적 · 계획적으로 움직이는 구조. 자본주의 체제에서는 특정 부문에 대하여 계획을 수립할 수는 있으나 완전한 계획경제를 채택할 수는 없다.

时期(shíqī) : 명 (특정한) 시기.

大锅饭(dàguōfàn) : 명 대중식사. 공동식사. → 평균분배.

吃大锅饭(chī dàguōfàn) : (능력 · 공헌에 관계 없이) 같은 대우나 보수를 받다.

平均主义(píngjūn zhŭyì) : 명 절대평등주의.

格局(géjú) : 구조. 구성. 골격. 4-5.

调动(diàodòng) : 1. 동 동원하다. 자극하다. 환기하다. 불러일으키다.
2. 동 (인원 · 일을) 교환하다. (맞)바꾸다. 변동하다. 이동하다.

个人(gèrén) : 개인. 3-11.

政府(zhèngfŭ) : 정부. 1-3.

积极性(jījíxìng) : 명 적극성.

6) 但对于公平与均衡问题则有所忽视，积累了一些问题，应当通过深化改革，进一步规范收入分配秩序。

dàn duìyú gōngpíng yǔ jūnhéng wèntí zé yǒusuǒ hūshì, jīlèi le yìxiē wèntí, yīngdāng tōngguò shēnhuà gǎigé, jìnyíbù guīfàn shōurù fēnpèi zhìxù。

그러나 공평과 균형 문제에 대해 오히려 다소 소홀히 하여, 약간의 문제를 누적했고, 마땅히 개혁의 심화를 통해, 소득분배 질서를 더욱 규범화해야 한다.

但(dàn)：그러나. 하지만. 1-6.

对于(duìyú)：…에 대해(서). …에 대하여. 7-13.
〔동작・행위의 대상 또는 관련된 사람・사물을 이끌어 냄〕

公平(gōngpíng)：공평하다. 공정하다. 1-6.

均衡(jūnhéng)：형 고르다. 균형이 잡히다. → 균형.

则(zé)：오히려. 그러나. 〔대비・역접을 나타냄〕 4-11.

有所(yǒusuǒ)：다소 …하다. 어느 정도 …하다. 좀 …하다. 5-6.
〔뒤에 주로 쌍음절 동사를 동반함〕

忽视(hūshì)：동 소홀히 하다. 등한히 하다. 홀시하다. 경시하다. 주의하지 않다.

有所忽视：다소 소홀히 하다.

积累(jīlèi)：1. 동 (조금씩) 쌓(이)다. 누적〔축적〕되다. 누적〔축적〕하다.
2. 명 축적된〔쌓인〕 것. 축적. 축적물.
3. 명 (자본의) 축적. 누적. 축재. 적립금.
〔국민 소득 중에서 확대 재생산에 쓰이는 부분〕

一些(yìxiē)：약간. 조금. 얼마간. 몇. 일부. 4-7.

应当(yīngdāng)：…하는 것이 마땅하다. 당연히〔반드시・응당〕 …해야 한다. 7-14.

通过(tōngguò)：…을 거쳐. …에 의해. …를 통해. 2-12.

深化(shēnhuà)：심화시키다. 심화되다. 3-9.

深化改革：개혁을 심화시키다. → 개혁의 심화.

通过深化改革：개혁(의) 심화를 통해.

进一步(jìnyíbù)：진일보하여. → 더욱. 1-9.

规范(guīfàn)：규범에 맞게 하다. 규범화하다. 2-6.

秩序(zhìxù)：명 질서.

7) 为此，他建议要更好地发挥政府在调节收入再分配中的作用，加快财税体制改革，规范收入分配秩序，促进经济发展方式转变和社会和谐稳定。

wèi cǐ, tā jiànyì yào gènghǎodi fāhuī zhèngfǔ zài tiáojié shōurù zàifēnpèi zhōng de zuòyòng, jiākuài cáishuì tǐzhì gǎigé, guīfàn shōurù fēnpèi zhìxù, cùjìn jīngjì fāzhǎn fāngshì zhuǎnbiàn hé shèhuì héxié wěndìng。

이 때문에, 그는 소득재분배 조절에서의 정부 역할을 더 잘 발휘하고, 재정과 세무 체제의 개혁을 빠르게 하고, 소득분배의 질서를 규범화하고, 경제발전방식의 전환과 사회 조화의 안정을 촉진해야 한다고 건의한다.

为此(wèi cǐ) : 접 이 때문에. 이를 위해서. 그런 까닭에.

建议(jiànyì) : 1. 동 (자기의 주장 · 의견을) 제기하다. 제안하다. 건의하다.
2. 명 제안. 건의안. 제의.

要(yào) : 마땅히 …해야만 한다. …해야 한다. 1-9.

※ 要는 여기에서 조동사로서, 아래 4개 본동사(发挥, 加快, 规范, 促进)와 모두 연계되어 있으므로, 번역할 때는 마지막 본동사(促进)에서 표현되어야 한다. 즉 '촉진해야 하다'이다.

更好地(gènghǎodi) : 더 좋게. 더 잘.

发挥(fāhuī) : 발휘하다. 1-3.

再分配(zàifēnpèi) : 1. 동 (사물을) 재분배하다. → 재분배.
2. 동 (일자리를) 두 번째로 배치하다. 다시 배치하다.

作用(zuòyòng) : 역할. 작용. 영향. 효과. 효용. 1-3.

调节收入再分配 : 소득재분배를 조절하다 → 소득재분배(의) 조절.

在调节收入再分配中的作用 : 소득재분배 조절에서의 역할.

政府在调节收入再分配中的作用 : 정부의 소득재분배 조절에서의 역할 → 소득재분배 조절에서의 정부 역할.

加快(jiākuài) : 빠르게 하다. 속도를 올리다. 6-6.

财税(cáishuì) : 재정과 세무. 1-6.

体制(tǐzhì) : 체제. 제도. 체계. 2-8.

促进(cùjìn) : 촉진시키다. 촉진하다. 재촉하다. 독촉하다. 5-9.
经济(jīngjì) : 경제. 1-8.
发展(fāzhǎn) : 발전. 1-6.
方式(fāngshì) : 방식. 방법. 2-9.
转变(zhuǎnbiàn) : 통 전환〔전변. 변환〕하다. 바꾸다. 바뀌다. → 전환. 전변. 변환.
社会(shèhuì) : 사회. 2-11.
和谐(héxié) : 형 잘 어울리다. 조화롭다. 잘 맞다. → 어울림. 조화. 융합. 화합.
稳定(wěndìng) : 안정되다. → 안정. 6-16.

8) 清华大学中国经济研究中心研究员教授常修译认为，居民的收入增长远远跟不上财富增长，“这是一个很大的战略性的问题”，因此必须实行一种新的改革思路，就是使居民收入增长幅度能够跟上社会财富增长的幅度，“这两个应该同步，现在这个同步化差距比较大，离差越来越大，因此整个社会应该对这个事情引起关注。”

Qīnghuá dàxué zhōngguó jīngjì yánjiū zhōngxīn yánjiūyuán jiàoshòu Cháng Xiūyì rènwéi, jūmín de shōurù zēngzhǎng yuǎnyuǎn gēnbúshàng cáifù zēngzhǎng, “zhè shì yíge hěn dà de zhànlüèxìng de wèntí”, yīncǐ bìxū shíxíng yìzhǒng xīnde gǎigé sīlù, jiùshì shǐ jūmín shōurù zēngzhǎng fúdù nénggòu gēnshàng shèhuì cáifù zēngzhǎng de fúdù, “zhè liǎngge yīnggaī tóngbù, xiànzài zhège tóngbùhuà chājù bǐjiào dà, líchā yuèláiyuè dà, yīncǐ zhěnggè shèhuì yīnggaī duì zhège shìqíng yǐnqǐ guānzhù。”

청화대학교 중국경제연구센터 연구원 교수 창 시유이의 생각에 의하면, 즉 주민의 소득 증가는 자산 증가에 몹시 뒤떨어지고, “이것은 커다란 전략성의 문제이며,” 때문에 반드시 새로운 개혁적 사고를 실행하고, 바로 주민의 소득 증가폭으로 하여금 사회 자산 증가폭을 따라잡을 수 있도록 해야 하며, “이 둘은 반드시 동시 발생해야 하고, 현재 이 동시화의 격차가 비교적 커서, 편차가 갈수록 커지고, 그래서 전체 사회는 반드시 이 일에 대해 관심을 불러일으켜야 한다.”

A) 清华大学中国经济研究中心研究员教授常修译认为，居民的收入增长远远跟不上财富增长，

Qīnghuá dàxué zhōngguó jīngjì yánjiū zhōngxīn yánjiūyuán jiàoshòu Cháng Xiūyì rènwéi, jūmín de shōurù zēngzhǎng yuǎnyuǎn gēnbúshàng cáifù zēngzhǎng,

청화대학교 중국경제연구센터 연구원 교수 창 시유이의 생각에 의하면, 즉 주민의 소득 증가는 자산 증가에 몹시 뒤떨어지고,

清华大学(Qīnghuá dàxué)：명 칭화대학교. 청화대학교.
〔교육부 직속의 4년제 종합대학교. 북경에 있음〕

中心(zhōngxīn)：센터(center). 〔주로 기관의 명칭으로 씀〕 4-4.

研究中心(yánjiūzhōngxīn)：연구센터. 4-4.

中国经济研究中心(zhōngguó jīngjì yánjiū zhōngxīn)：중국경제연구센터.

研究员(yánjiūyuán)：연구원. 4-4

教授(jiàoshòu)：1. 명 교수.
2. 동 (지식이나 기능을) 가르치다. 교수하다. 전수하다.

常修译(Cháng Xiūyì)：Chang Xiuyi. 창 시유이. 〔사람 이름〕

认为(rènwéi)：…라고 여기다. → …의 생각에 의하면. 4-3.

远远(yuǎnyuǎn)：1. 부 멀리.
2. 부 크게. 몹시. 상당히. 대단히. 대량으로. 대폭.

跟不上(gēnbúshàng)：1. 동 따라갈 수 없다. 따라잡을 수 없다. 뒤떨어지다.
2. 동 …만 못하다. 미치지 못하다. 비교가 되지 않다.

财富(cáifù)：명 자산. 부(富). 재산.

B) "这是一个很大的战略性的问题"，因此必须实行一种新的改革思路，就是使居民收入增长幅度能够跟上社会财富增长的幅度，

"zhè shì yíge hěn dà de zhànlüèxìng de wèntí", yīncǐ bìxū shíxíng yìzhǒng xīnde gǎigé sīlù, jiùshì shǐ jūmín shōurù zēngzhǎng fúdù nénggòu gēnshàng shèhuì cáifù zēngzhǎng de fúdù,

"이것은 커다란 전략성의 문제이며," 때문에 반드시 새로운 개혁적 사고를 실행하고, 바로 주민의 소득 증가폭으로 하여금 사회 자산 증가폭을 따라잡을 수 있도록 해야 하며,

战略性(zhànlüèxìng) : 전략성. 전략적(인).

战略性的问题 : 전략성의 문제. 전략적인 문제. 전략 문제.

因此(yīncǐ) : 이로 인하여. 그래서. 이 때문에. 8-11.

必须(bìxū) : 1. 부 반드시 …해야 한다. 꼭 …해야 한다. 기필코 …해야 한다.
2. 부 (명령 · 요구에 의해) 부득불. 어쩔 수 없이. 반드시. 기필코.

实行(shíxíng) : 실행하다. 3-5.

一种(yìzhǒng) : 한 가지. → (생략 가능함) 4-3.

思路(sīlù) : 사고의 맥락. 생각의 실마리. → 사고. 생각. 7-5.

改革思路(gǎigé sīlù) : → 개혁적 사고.

一种新的改革思路 : 한 가지의 새로운 개혁적 사고 → 새로운 개혁적 사고.

就是(jiùshì) : 1. 부 바로. 즉. 〔단호하고 확정적이거나 강조를 나타냄〕
2. 부 그래. 맞다. 〔단독으로 쓰여 동의를 나타냄〕
3. 부 …뿐이다. …밖에 안 된다.
〔범위를 한정하고 다른 것은 배제함을 나타냄〕
4. 접 설령〔설사〕 …하더라도〔할지라도 · 일지라도〕.
〔가정 겸 양보 관계를 나타내며, 흔히 뒷구의 也와 호응함〕

使(shǐ) : (…에게) …시키다. …하게 하다. 6-19.

幅度(fúdù) : 1. 명 정도. 폭. 너비.
2. 명 사물의 변동 폭.

能够(nénggòu) : …할 수 있다. 5-9.

跟上(gēnshàng) : 동 따라잡다. 뒤를 쫓다. 뒤따르다. 따라붙다. 시간에 대다.

C) "这两个应该同步，现在这个同步化差距比较大，离差越来越大，因此整个社会应该对这个事情引起关注。"

"zhè liǎngge yīnggaī tóngbù, xiànzài zhège tóngbùhuà chājù bǐjiào dà, líchā yuèláiyuè dà, yīncǐ zhěnggè shèhuì yīnggaī duì zhège shìqíng yǐnqǐ guānzhù。"

"이 둘은 반드시 동시 발생해야 하고, 현재 이 동시화의 격차가 비교적 커서, 편차가 갈수록 커지고, 그래서 전체 사회는 반드시 이 일에 대해 관심을 불러일으켜야 한다."

应该(yīnggaī) : 1. 동 …해야 한다. …하는 것이 마땅하다.
2. 동 반드시〔마땅히〕 …할 것이다.
同步(tóngbù) : 1. 형 동시(성)의. 동기(同期)의. 동시 발생의. → 동시 발생하다.
2. 형 진행 속도를 맞추다. 보조를 맞추다. 행동을 통일하다.
现在(xiànzài) : 1. 명 지금. 현재. 이제.
2. 명 현단계. 목전. 당면. 오늘.
同步化(tóngbùhuà) : 동시화.
差距(chājù) : 1. 명 격차. 차이. 차. 갭(gap).
2. 명 (거리의) 차이. 거리 차.
比较(bǐjiào) : 비교적. 상대적으로. 4-5.
离差(líchā) : 离均差(líjūnchā). 偏差(piānchā).
偏差(piānchā) : 1. 명 편차. 오차.
2. 명 오류. 잘못. 틀림. 편향.
越来越(yuèláiyuè) : 부 더욱더. 점점. 갈수록.
整个(zhěnggè) : 온. 완정한 것. 모든 것. 전체. 1-5.
事情(shìqíng) : 1. 명 일. 사건.
2. 명 사고.
3. 명 직업. 일자리.
引起(yǐnqǐ) : 동 불러일으키다. (주의를) 끌다. 야기하다. (사건 등을) 일으키다.
关注(guānzhù) : 관심. 중시. 주시하다. 관심을 가지(고 중시하)다. 7-9.
引起关注 : 관심을 불러일으키다. *

4. 번역 소득분배 개혁의 총체적 방안

총체적 방안은 모두 10대 문제와 연관되다

이전에 널리 퍼져 있는 대중매체의 보도에 따르면, 국가발개위는 이미 〈방안〉 초고의 기초 작업을 완성했고, 국무원 부급 이상 관리의 〈방안〉에 대한 의견을 현재 심도 있게 구하고 있는 중이다.

총체적 방안은 모두 10대 문제와 연관되어 있고, 국민 소득분배 중에서의 주민 소득 비중, 임금의 정상적 증가와 최저 임금 기준, 국유자본 경영 예산과 수익 배분 제도, 공공자원 양도 수익의 국민 공유 메커니즘, 고소득자의 세수 조절, 국유기업 금융기구 고위직 임원의 임금 관리 그리고 공무원 수당과 보조금 및 비영리 기관의 성과급 등을 포함한다.

국가개발은행 고문 리유 커구가 며칠 전 공개 장소에서 발표한 의견에 의하면, 즉 개혁개방 이후의 소득분배 개혁은 계획경제시기의 "평균분배" · "절대평등주의"의 구조를 타파했고, 개인 · 기업 · 정부의 적극성을 불러일으켰다 ; 그러나 공평과 균형 문제에 대해 오히려 다소 소홀히 하여, 약간의 문제를 누적했고, 마땅히 개혁의 심화를 통해, 소득분배 질서를 더욱 규범화해야 한다. 이 때문에, 그는 소득 재분배 조절에서의 정부 역할을 더 잘 발휘하고, 재정과 세무 체제의 개혁을 빠르게 하고, 소득분배의 질서를 규범화하고, 경제발전방식의 전환과 사회 조화의 안정을 촉진해야 한다고 건의한다.

청화대학교 중국경제연구센터 연구원 교수 창 시유이의 생각에 의하면, 즉 주민의 소득 증가는 자산 증가에 몹시 뒤떨어지고, “이것은 커다란 전략성의 문제이며,” 때문에 반드시 새로운 개혁적 사고를 실행하고, 바로 주민의 소득 증가폭으로 하여금 사회 자산 증가폭을 따라잡을 수 있도록 해야 하며, “이 둘은 반드시 동시 발생해야 하고, 현재 이 동시화의 격차가 비교적 커서, 편차가 갈수록 커지고, 그래서 전체 사회는 반드시 이 일에 대해 관심을 불러일으켜야 한다.” *

단어 색인

(로마자와 성조의 순서이고, 숫자는 단어가 최초 사용된 '몇 과 – 문장 번호'를 표시함)

〈A〉

澳(ào)：9-3

澳大利亚(àodàlìyà)：5-3

〈B〉

BP：4-9

把(bǎ)：4-3

百分之(bǎifēnzhī)：1-5

办法(bànfǎ)：3-4

包括(baōkuō)：3-5

保险(bǎoxiǎn)：6-13

保障(bǎozhàng)：2-5

保障性(bǎozhàngxìng)：2-9

报道(bàodào)：2-11

报告(bàogào)：2-5

北美(běiměi)：5-6

北美洲(běiměizhōu)：5-6

被(bèi)：7-9

备案(bèiàn)：3-6

备案编号(bèiàn biānhào)：3-6

备案事项(bèiàn shìxiàng)：3-6

背景(bèijǐng)：7-6

本(běn)：5-7

本轮(běn lún)：7-14

比较(bǐjiào)：4-5

比重(bǐzhòng)：1-5

必须(bìxū)：10-8

遍布(biànbù)：7-7

变化(biànhuà)：9-13

便利(biànlì)：3-9

便利化(biànlìhuà)：3-9

标准(biāozhǔn)：8-9

表示(biǎoshì)：4-4

滨海(bīnhaǐ)：7-8

并(bìng)：2-5

并购(bìnggòu)：8-7

补贴(bǔtiē)：10-4

不仅(bùjǐn)：1-8

不仅(bùjǐn)…, 而且(érqiě)…：1-8

不够(búgòu)：2-6

不利于(búlìyú)：7-13

不论(búlùn)：4-5

不能(bùnéng)：7-13

不同(bùtóng)：5-6

不同于(bùtóngyú)：7-14

不易(búyì)：9-6

〈Z〉

저자 소개

차성만(車城滿)

- 약력
  - 국민대학교 졸업
  - 國立政治大學(臺灣, National Chengchi University, Taiwan) 석사
  - 中國文化大學(臺灣, Chinese Culture University, Taiwan) 박사
- 현재
  - 서경대학교 국제비즈니스어학부 중어전공 교수
- 저서
  - 꽃보다시사중국어(백산출판사)
  - 경제시사중국어(백산출판사)
  - 정치시사중국어(백산출판사)
  - 무역시사중국어(백산출판사)
  - 무역중국어길잡이(백산출판사)
  - 경제중국어길잡이(백산출판사)

경제중국어길잡이

2018년 8월 10일 초판 1쇄 인쇄
2018년 8월 15일 초판 1쇄 발행

지은이 차성만
펴낸이 진욱상
펴낸곳 (주)백산출판사
교 정 편집부
본문디자인 오행복
표지디자인 오정은

저자와의 합의하에 인지첩부 생략

등 록 2017년 5월 29일 제406-2017-000058호
주 소 경기도 파주시 회동길 370(백산빌딩 3층)
전 화 02-914-1621(代)
팩 스 031-955-9911
이메일 edit@ibaeksan.kr
홈페이지 www.ibaeksan.kr

ISBN 979-11-88892-68-6 93720
값 15,000원